BIOGRAPHIE

BIBLIOGRAPHIE

DU

BRIANÇONNAIS

CANTON DE L'ARGENTIÈRE

PAR

Aristide ALBERT

GRENOBLE

IMPRIMERIE F. ALLIER PÈRE ET FILS

GRANDE-RUE, 8, COUR DE CHAULNES

1891

BIOGRAPHIE

BIBLIOGRAPHIE

DU

BRIANÇONNAIS

CANTON DE L'ARGENTIÈRE

Tiré à 300 exemplaires, dont 25 sur papier de Hollande.

BIOGRAPHIE
BIBLIOGRAPHIE

DU

BRIANÇONNAIS

CANTON DE L'ARGENTIÈRE

PAR

Aristide ALBERT

GRENOBLE

IMPRIMERIE F. ALLIER PÈRE ET FILS

GRANDE-RUE, 8, COUR DE CHAULNES

1891

BIOGRAPHIE - BIBLIOGRAPHIE

DU

BRIANÇONNAIS

CANTON DE L'ARGENTIÈRE.

ALBERT (GUILLAUME).

Né dans la Vallouise, Guillaume Albert a été le représentant de sa vallée natale dans la grande Charte-transaction du 29 mai 1343, intervenue entre le Dauphin Humbert II et les communautés du Briançonnais. Les historiens du Dauphiné, Chorier, et Fauché-Prunelle entre autres, ont rendu hommage à l'habileté des négociateurs, mandataires des communes. Ces hommes, juristes consommés, surent mettre à profit, avec une rare sagacité, la pénurie du trésor delphinal pour affranchir, à prix d'argent, leur pays du régime féodal.

Le Dauphin Humbert II, maladroit administrateur de

sa fortune, insouciant et prodigue, partant besoigneux, était toujours à l'affût des moyens de se procurer des ressources. Ses droits sur le Briançonnais étaient mal définis. Les habitants de ces montagnes étaient en possession, de temps immémorial, de certains privilèges, de certaines exemptions d'impôts et résistaient, avec autant de ténacité que d'énergie, aux exigences excessives des collecteurs des redevances delphinales. Ces difficultés de recouvrement et le besoin d'argent chez le Dauphin facilitèrent le rachat des taxes féodales.

Guillaume Albert représenta encore les communautés de la Vallouise dans la convention particulière intervenue le 19 juin 1343 entre elles et le Dauphin. Cette convention confirmait les accords de la charte du 29 mai précédent et réduisait à une rente annuelle en argent tout ce que les habitants du mandement de Vallouise pouvaient devoir au Dauphin pour ses censes en *bleds*, tailles, fiefs, arrière-fiefs, gabelles, lods, pâturages, offices municipaux et autres droits. Les mentions de cet acte nous apprennent que Guillaume Albert était notaire dans son pays natal.

La constatation des clauses de l'acte, sinon leur rédaction, fut faite non seulement par le notaire delphinal, Jean Nicolet de Crémieu, mais encore par Michel Maurel de Sézanne (des vallées cédées du Piémont) participant, sans doute, à la réquisition de Guillaume Albert, à l'authenticité de l'acte. C'est là un trait de cette salutaire méfiance du montagnard agissant en dehors de la sphère ordinaire de ses relations.

Guillaume Albert résidait probablement à Ville-Vallouise. Dans une reconnaissance faite en 1399 au Dauphin, par Georges de Laval, mentionnant une terre située à Ville-Vallouise, on trouve dans les confins l'indication d'un terrain appartenant à Guillaume Albert. (Invent. de la Cour des Comptes, vol. Briane., n° 1,384).

ALBERT (ROMAIN).

Maître peintre et vitrier, Romain Albert est né à la Bâtie-des-Vigneaux, vers 1590. Il se maria en 1615 à Gap. Sur la commande d'Abel de Béranger, gouverneur de Grenoble, il peignit trois chambres en la maison du roi au fort Barraux. Il peignit aussi les tables *d'attaiche* pour l'entrée de Louis XIII à Grenoble. Il fut payé de ce travail par la Ville, en novembre 1622. (Voir les *Artistes grenoblois*, par Edmond Maignien. — Grenoble, 1887.)[1]

BARDONNÈCHE ou BARDONNENCHE.

Cette famille nombreuse, qui exerça dans les vallées d'Oulx et de Bardonnèche une puissance quasi-souveraine et presque rivale de celle des Dauphins, se divisa en plusieurs branches. L'une d'elles acquit, dans la seconde moitié du XIIIe siècle, des possessions en terres et en droits seigneuriaux dans la Vallouise.

Guy-Allard, dans la généalogie qu'il a dressée des Bardonnèche ou Bardonnenche, ne mentionne pas la branche de Vallouise. Et cependant, les nombreux hommages rendus aux Dauphins, durant plusieurs siècles, par les Bardonnèche, possessionnés en Vallouise, et rappelés

---

[1] M. l'intendant Lemaître, *président de la Société d'études des Hautes-Alpes*, rattache, par erreur, ma famille à celle des Albert du Queyras (*Bulletin de la Société d'études*, 8e année, p. XXIII). Le berceau de mes ancêtres est la Bâtie-des-Vigneaux. A. A.

dans les actes de la Cour des Comptes, n'avaient pu, pour lui, passer inaperçus. Cette prétérition fut-elle volontaire? Cela est possible. Le généalogiste a paru n'avoir en vue que les branches puissantes et riches de la famille.

M. de la Bâtie, en son *Armorial du Dauphiné*, en a usé, soit plus impartialement, soit avec plus d'exactitude.

« La maison de Bardonnenche, dit-il, se divisa en
« branches nombreuses, dont quelques-unes tombèrent
« dans la médiocrité. Fixées dans la Vallouise, à Ciaux,
« à Upaix, etc., elles s'y sont continuées jusqu'à ce jour,
« après avoir exercé le notariat et rempli les charges de
« châtelains et de vice-châtelains. »

On trouve dans l'*Inventaire de la Cour des Comptes* la mention d'hommages prêtés aux Dauphins pour les possessions en Vallouise :

23 février 1329, par Boniface de Bardonnèche ;

1334, par Parceval de Bardonnèche ;

15 août 1352, par Jean de Bardonnèche ,

Les 2 et 29 novembre 1443, par Obert et Justet de Bardonnèche ;

27 février 1506, par Vincent de Bardonnèche.

Dans le courant du XVIᵉ siècle, hommages d'Antoine, de Thomas, d'Étienne, de Claude, de Vincent, de Pierre de Bardonnèche, etc., etc.

Thomas de Bardonnèche fut vice-châtelain de la Vallouise de 1460 à 1468.

Claude de Bardonnèche en fut châtelain de 1485 à 1487. Il se rendit acquéreur, à la suite de la guerre d'extermination dirigée contre les Vaudois en 1488 et de la confiscation qui suivit, des biens d'Étienne Gay et de Lohys Trobal, déclarés hérétiques.

Étienne de Bardonnèche fonda une école à Ville-Vallouise, en 1672. « Il avait affecté, dit l'abbé Rossignol [1], « le revenu d'un capital de mille écus, somme alors assez « considérable, aux gages d'un maître chargé de l'école « publique. Le fondateur était un ecclésiastique. »

Par décret du 25 novembre 1806, Antoine-Étienne de Bardonnèche, né en 1766, fut nommé juge de paix du canton de l'Argentière. Il exerça ces fonctions jusqu'en 1814. Il demeurait à Ville-Vallouise.

C'était un homme plein de droiture et de sagacité. A juger de son caractère et de son instruction par sa correspondance avec le procureur impérial François Albert (mon aïeul), il était de beaucoup supérieur aux autres juges de paix de l'arrondissement de Briançon, nommés par le même décret. En 1807 et 1808, Étienne de Bardonnèche faisait partie du Conseil du département des Hautes-Alpes.

La famille de Bardonnèche est représentée, encore aujourd'hui, par d'honorables propriétaires-cultivateurs, à Ville-Vallouise et dans la commune de la Pisse.

BEUF (LE P.).

Le curé Albert cite parmi les ecclésiastiques dignes de mémoire qui ont pris naissance dans la Vallouise, le P. Beuf, de la doctrine chrétienne, qui, dit-il, « a donné « au public un ouvrage de controverse contre les protes- « tants, qui est très estimé [2] ».

---

[1] Lettres sur la Vallouise.
[2] Histoire du diocèse d'Embrun, t. I, p. 311.

BIBLIOGRAPHIE.

Essais d'éclaircissements où tous les points de controverse sont décidés par un seul principe, etc., par un
prêtre de la Doctrine chrétienne. (Bœuf (le P.), Avignon,
1745, in-8°.

Quérard : France Littéraire.

BRUYS (PIERRE DE).

Pierre de Bruys, qui fut au XII⁰ siècle un réformateur
hardi et de parole puissante, est né dans la Vallouise, dans
la seconde moitié du XI⁰ siècle [1]. Il fut, suivant M. Peyrat[2],
le Martin Luther du moyen âge; sa parole eut une immense action et ses doctrines un grand retentissement
dans le midi de la France, des Alpes aux Pyrénées. Il
nous est connu surtout par les écrits de son contemporain,
l'abbé de Cluny, Pierre le Vénérable, homme de grande
érudition, l'émule de Saint-Bernard, qui combattit, avec
toute l'ardeur de sa foi, les doctrines du réformateur[3].

Les expressions dont se sert l'abbé de Cluny pour dési-
gner le lieu de naissance de Pierre de Bruys dans une lettre
aux évêques d'Embrun, de Gap et de Die : *Alpes gelidas*

[1] Henri Martin dit que dès 1119, le Concile de Toulouse, présidé
par le pape Calixte II, avait anathématisé les sectateurs d'un certain Pierre de Bruys... On pourrait induire de ce fait, s'il était
avéré, que la naissance de Pierre de Bruys devrait être fixée
approximativement de 1085 à 1090.

[2] Les *Réformateurs de France et d'Italie au XII⁰ siècle*.

[3] *D. petri venerabilis... epistolarum libri VI, Parisiis, 1522*.

et perpetuis nivibus opertos scopulos démontrent, avec certitude, que la Vallouise fut son berceau. Presque tous les historiens tiennent d'ailleurs le fait pour certain.

Au témoignage de l'abbé de Cluny, Pierre de Bruys enseignait que le baptême conféré avant l'âge de raison était inefficace, la foi et la volonté d'autrui ne pouvant suppléer la foi personnelle, (non aliena fides sed propria cum baptismate salvat domino dicente : qui crediderit et baptizatus fuerit, salvus erit.); qu'il ne devait point être construit d'église, ni de temple, Dieu pouvant être adoré partout (in foro et in templo, ante altare vel ante stabulum invocatus, Deus accedit et eos qui merentur exaudit);

Que la croix devait être en abomination comme ayant servi à la torture, au supplice du Christ ;

Que les sacrifices, les prières, les aumônes des vivants ne pouvaient rien en faveur des morts ;

Que le corps et le sang de Jésus-Christ n'étaient point dans le sacrement de l'Eucharistie ;

Que l'on devait bannir du culte les hymnes et les chants.

Voici, du reste, l'énoncé des propositions tel qu'il est formulé dans le livre de Pierre le Vénérable, consacré à la réfutation de la doctrine petrobrusienne[1] :

Dicunt hæretici parvulos non posse baptizari.

Bazilicas, vel altaria fieri non debere, crucem domini nec adorandam, nec venerandam, sed magis confringendam et conculcandam esse.

Missam nihil esse, nec celebrari debere.

---

[1] *De Petri venerabilis contra Heinricianorum et Petrobrusianorum hæreses.* (Ingolstadii in officina Vuestenhorn, 1546.)

Vivorum beneficia nihil prodesse d nctis.

Deo non esse cantandum.

Ces hardies prédications ne furent point tolérées dans les vallées des Alpes, où l'action du bras séculier, sollicitée par les exhortations des évêques, environnait des plus redoutables périls les négateurs de la foi régnante.

Pierre de Bruys se dirigea vers les villes populeuses de la Provence et de la Gascogne. Dans sa lettre aux évêques des Alpes, Pierre le Vénérable ne dissimule point l'immense succès de la prédication du réformateur : « Instigat « fama nuper relata quod scilicet anguis lubricus de regio- « nibus vestris elapsus, imo vobis persequentibus expul- « sus, narbonensem provinciam sese contulerit : et quod « apud vos in desertis et villulis cum timore sibilabat, « nunc in magnis conventibus et *populosis urbibus* auda- « citer prædicat. »

Baronius, dans ses *Annales ecclésiastiques,* affirme que la prédication de Pierre de Bruys dura vingt ans. (Easdem ferme errores per annos viginti impie seminavit in provinciis arelatensi, novempopulanâ.)

La disposition des esprits dans les villes du Midi et du Sud-Ouest de la France, esprits alertes et frondeurs, les véhémentes attaques des premiers troubadours contre les moines et le clergé séculier, l'orgueil, la richesse, la simonie des prélats, la dissolution de leurs mœurs constatée et déplorée par Saint-Bernard lui-même, tout préparait les voies devant l'ardent réformateur et avivait les énergies de sa parole.

Les doctrines de Pierre de Bruys ont soulevé d'orageux débats entre les défenseurs de l'Église d'une part, les écrivains protestants ou rationalistes d'autre part. La lutte a été des plus vives et elle dure encore. La polémique a souvent manqué des égards que se doivent dans la discussion des gens qui diffèrent d'opinion, mais également honorables, sincères et mus par l'amour de la vérité. Le curé Albert dit que Pierre de Bruys n'était qu'un *mauvais sujet*. Le jésuite Marcellin Fournier avait appelé Valdo un *bélitre*.

Dans une étude biographique où trop de lyrisme dans la forme s'unit à de savantes et minutieuses recherches, M. Peyrat a mis en relief la mission de Pierre de Bruys ; il a noté, exagéré peut-être les résultats de sa prédication, de la propagande de sa doctrine. Il a arrêté, dans une forme pleine de vigueur, les traits de la grande figure du rénovateur Vallouysien.

Pierre de Bruys n'était point le missionnaire révélateur d'aucun dogme nouveau. Il voulait dépouiller la grande morale évangélique, des croyances parasites nées de l'ambition temporelle, de la cupidité, des inavouables passions.

Herder signale comme étant constitués en *sociétés modérées* les prosélytes de Pierre de Bruys. (*Idées sur la philosophie*. Trad. d'Edgar Quinet, t. III, p. 468.)

Le baron de Mosheim, en son *Histoire ecclésiastique*, s'exprime ainsi sur le compte de Pierre de Bruys : « Une « secte beaucoup plus raisonnable fut celle que fonda, en « Languedoc et en Provence, environ l'an 1110, Pierre « de Bruys, qui fit généreusement les plus grands efforts « pour détruire la superstition dominante, et qui, après « s'être fait beaucoup de disciples, par un ministère de « vingt-cinq ans, fut brûlé à Saint-Gilles par une populace

---

1 Loc. cit. suprà.

« furieuse, excitée par des prêtres trop intéressés à le
« perdre. On ne connaît pas parfaitement tous les senti-
« ments de cet infortuné réformateur, dont le zèle, au
« reste, n'était pas sans quelque mélange de fanatisme;
« mais l'on sait avec certitude que cinq propositions fai-
« saient partie de son système et de la religion des Pétro-
« brusiens ses disciples..... » (T. III, p. 106, de la
traduction publiée en 1776.)

Michelet apprécie, dans les termes suivants, le fait
historique de l'action exercée par Pierre de Bruys :

« De bonne heure, les montagnards piémontais, dauphinois, gens raisonneurs et froids, sous le vent des
glaciers, avaient commencé à repousser les symboles, les
images, les croix, les mystères, toute la poésie chrétienne.
Là, point de panthéisme comme en Allemagne, point
d'illuminisme comme aux Pays-Bas; pur bon sens, raison
simple, solide et forte, sous forme populaire. Dès le temps
de Charlemagne, Claude de Turin entreprit cette réforme
sur le versant italien; elle fut reprise, au XIIe siècle, sur
le versant français, par un homme de Gap ou d'Embrun,
de ce pays qui fournit des maîtres d'école à nos provinces
du Sud-Est. Cet homme, appelé Pierre de Bruys, descendit
dans le Midi, passa le Rhône, parcourut l'Aquitaine, toujours prêchant le peuple avec un succès immense. »
(*Histoire de France.*)

Le renversement d'une croix à Saint-Gilles ameuta, en
1147, la populace contre Pierre de Bruys. Il fut brûlé. Il
n'est pas prouvé que cet acte de férocité, l'un des premiers accomplis contre la libre manifestation de la pensée,
fut provoqué par les incitations des chefs de l'Église;
mais les assassins eurent l'approbation de l'abbé de Cluny;

« quo apud sanctum Egidium Zelus fidelium flammas
« dominicæ crucis ab eo succensas eum concremando
« ultus est..... »

L'Église, du reste, ne tarda point à faire appel contre
l'hérésie au bras séculier, ainsi qu'en témoigne la lettre
de saint Bernard à Hildefonse, comte de Saint-Gilles,
contre Henri, le disciple de Pierre de Bruys [1].

On peut se demander comment cette popularité, qui
entourait de si chaudes acclamations dans les grandes
cités la prédication du réformateur, lui fit défaut dans
une ville de moindre importance, quelle cause il faut
assigner à cette soudaine et mortelle fureur, dans les
tumultueuses manifestations de laquelle il trouva le supplice et la mort. L'explication est aussi facile à trouver
qu'elle paraît plausible.

Saint-Gilles était, au xiie siècle, un lieu de pèlerinage
aussi célèbre et plus fréquenté que Saint-Jacques de
Compostelle. Les pèlerins y affluaient de tous les points
du monde catholique ; la ville était remplie de couvents,
de religieux de tous ordres, de confréries religieuses [2].
Tout ce monde vivait du pèlerinage et avait un intérêt
vital à l'immutabilité de l'ordre de choses existant. On
sait, par l'étude de l'histoire et par l'expérience de tous
les jours, quelles passions violentes, quelles inexorables
colères soulève celui qui porte atteinte aux intérêts, qui
menace le bien-être matériel, soit des individus, soit des
collectivités.

---

[1] Œuvres de saint Bernard, lettre 241, trad. de l'abbé Charpentier.
[2] Voir Saint-Gilles et son pèlerinage, par l'abbé d'Everlange.
Avignon, 1879.

Pausanias raconte que les Phocéens avaient pillé à Delphes le temple d'Apollon ; que pour ce sacrilège ils avaient été exclus du Conseil des Amphyctions ; mais que lorsque les Gaulois vinrent assiéger Delphes, les Phocéens se battirent avec acharnement pour défendre la ville sacrée et le sanctuaire de nouveau regorgeant de richesses. La ferveur religieuse était-elle pour quelque chose dans ces agissements ?

Pourquoi les Cnidiens étaient-ils les gardiens jaloux de la Vénus de Praxitèle et eussent-ils pris les armes si la possession leur en avait été disputée ? Était-ce par dévotion ou parce que la statue d'idéale beauté attirait à Cnide, de la Grèce, de l'Asie-Mineure, de l'Archipel, de de la Sicile, de la Grande-Grèce, de nombreux et riches voyageurs qui venaient admirer le chef-d'œuvre et reconnaître, la bourse ouverte, la peu gratuite hospitalité des habitants ? L'intérêt matériel n'est-il pas, de tout temps, sous toutes les latitudes, au sein des masses, le principe, sinon supérieur, mais presque toujours dominant, des soulèvements populaires, voire même des révolutions ?

DESPONTS (CLAUDE).

Claude Desponts, né à Saint-Martin-de-Queyrières, au commencement du XVIIᵉ siècle, est mort en 1681. Il a occupé, au siège du baillage du Briançonnais, les fonctions de procureur du roy. L'accomplissement d'une mission importante autant qu'honorable doit lui assurer une place parmi les Briançonnais dignes de mémoire.

Le Briançonnais avait été, dans la première moitié du XVIIᵉ siècle, en violation des termes de la transaction du 29 mai 1343, chargé d'impôts nouveaux. Par ce traité, le

Dauphin Humbert II avait, comme on le sait, cédé à perpétuité, aux communautés du Briançonnais, tous les droits
et les devoirs féodaux, seigneuriaux, tailles, offices politiques et autres qu'il avait à faire valoir en ce pays,
moyennant une somme de 12,000 florins d'or d'entrée et
la rente annuelle de 4,000 ducats. Le fisc royal, soit par
ses agents directs, soit par les traitants et amodiataires
du trésor, avait, sans nulle relâche, tenté de violer le
pacte delphinal dont les rois, successeurs des Dauphins,
avaient tous, à leur avènement au trône, juré de respecter
les clauses et conditions. Ils avaient, en dernier lieu,
extorqué aux Briançonnais des droits de franc fief et de
nouveaux acquêts ; des offices de receveurs particuliers,
d'auditeurs des comptes de communautés, de secrétaires
et contrôleurs avaient été créés, et la charge des émo-
luments attachés à ces offices avait été imposée aux
communautés, le tout contrairement aux droits garantis
par la charte de 1343.

Les Briançonnais se pourvurent devant le Conseil du
roy et donnèrent mission, avec le titre de députés, à
Claude Desponts et à Jean-Étienne Rossignol, de recueillir
et de faire imprimer leur charte, ainsi que les lettres
patentes des rois, portant confirmation de la transactio,
les arrêts du Conseil du roy, ceux du Parlement et Cham-
bre des comptes rendus en sauvegarde de leurs droits[1].
La mission des députés comprenait aussi, bien entendu,
le mandat de poursuivre devant le Conseil du roy le
redressement des torts à eux causés et la reconnaissance

---

[1] Notons qu'à plusieurs reprises et jusqu'en 1788, les Briançonnais ont fait réimprimer leur charte.

des franchises, droits et privilèges des Briançonnais.

Les deux députés firent imprimer en 1641, à Paris, la charte du Briançonnais, sous ce titre :

LES

TRANSACTIONS

D'IMBERT, DAUPHIN

DE VIENNOIS, PRINCE DU

BRIANÇONNAIS ET MARQUIS DE SÉZANNE,

avec les syndics et procureurs des Communautés de la Principauté du Briançonnais en Dauphiné, tant au nom desdites Communautés que des Particuliers et Habitants d'icelles, portant cession et transport à perpétuité auxdites communautés de tous les droits et devoirs féodaux, Seigneuriaux, Tailles, Offices politiques et autres qui appartenaient audit Dauphin en ladite Principauté, moyennant une rente annuelle, et les sommes de deniers payés lors desdites transactions,

Contenant les franchises, libertés
et privilèges desdits Briançonnais, les transports dudit Dauphiné
aux rois de France pour leurs fils aînés, les confirmations des
rois et arrêts ensuite obtenus.

Le tout recueilli par CLAUDE DESPONTS, Conseiller
et Procureur du Roy audit Briançonnais et Jean-Estienne Rossignol,
députés de ladite Principauté.

—

A PARIS
M. DG. XLI

Cette publication est in-folio, en beaux caractères et comprend 88 pages. Les éditeurs, Claude Desponts et Étienne Rossignol, ne se bornèrent pas à reproduire article par article les clauses et conditions de la charte. Ils donnèrent en marge, et en regard de chaque disposition, une analyse succincte de son objet, rédigée en langue française.

Telle fut l'œuvre collective des deux députés. Mais la dédicace de ce recueil, qui appartient exclusivement à Claude Desponts, fut un acte d'habile diplomatie. Le recueil est dédié au vrai roi de ce temps, à celui dont la vaste intelligence et la main puissante préparaient et assuraient les destinées de l'État, au cardinal de Richelieu.

Claude Desponts expose quelle était, avant 1343, la situation du Briançonnais vis-à-vis de ses princes, Dauphins de Viennois ; quels étaient les immunités, les privilèges, les droits des communautés, soit en vertu de contrats plus anciens, soit ensuite d'usages immémoriaux. Il prouve, par son préambule, que la transaction a eu pour objet de fixer les droits anciens, de les étendre, d'en créer de nouveaux au profit desdites communautés ; que ce fut un accord à *titre onéreux*, étroitement obligatoire pour les deux parties contractantes ; que le Briançonnais se soumit à des sacrifices en argent très considérables pour assurer aux Dauphins l'équivalent fixé pour la cession de ses droits ; que les communautés briançonnaises avaient acquitté, avec une irréprochable exactitude, la rente annuelle due aux Dauphins et successivement aux rois de France, après la cession du Dauphiné ; que leur fidélité à remplir leurs engagements était méritoire et devait leur concilier la faveur royale, étant données la stérilité de leur territoire, la dureté du climat, leur pauvreté accrue par les exactions, les déprédations, les violences des gens de guerre, lors des passages des armées en Italie. Il invoque, en preuve de cette situation précaire et misérable, les souvenirs personnels du cardinal qui, en 1629, avait, avec le roy, traversé le Briançonnais et le Mont-Genèvre, alors que l'armée française descendait en

Italie pour soutenir les droits de Charles, duc de Nevers,
sur le duché de Mantoue et de Montferrat. Il rappelle les
incendies qui ont désolé et ruiné le pays, savoir de Briançon, de Saint-Chaffrey, Chantemerle, Monestier, la Bastie,
les Vigneaux, Perturostan, Arvieu, Aiguilles, Ristollas,
Mellezein, « lesquels les habitants n'ont pu rebâtir pour
« être privez de toutes facultez jusques à manger leur pain
« et leur potage sans sel ». Enfin, après avoir démontré
avec clarté l'équité et le fondement légal des prétentions
du Briançonnais et fait état, avec une sorte d'éloquence,
de la misère du pays, de son patriotisme, de son courage,
comme gardien de la frontière, il fait une suprême tentative pour aller droit au cœur du cardinal.

Se faisant l'interprète des sentiments de ses compatriotes, il dit leur admiration pour le génie du grand
ministre et leurs vœux pour qu'il conquière, avec la
tiare, la toute-puissance sur le monde catholique. Voici
en quels termes sont formulés cet hommage et ces
souhaits :

« Ce qu'étant par vous, Monseigneur, considéré l'état
« de leur misère, la nécessité de leurs lieux, les suppli-
« cations et les soupirs de tant de pauvres familles, ils
« s'assurent de votre protection pour l'observation dudit
« contrat, et eux ne cesseront aussi la continuation des
« vœux et prières qu'ils font journellement à Dieu pour
« votre conservation, comme celui qui a été leur libéra-
« teur, le nom duquel est en bénédiction à la bouche de
« tous les gens de bien, qui leur fait espérer de vous voir
« un jour le chef de l'Église, si cette nation qui prétend
« toujours de défendre à la nôtre l'entrée de cette dignité
« ne se veut à la fin déclarer ennemie de la sainteté, et se
« rébeller contre les inspirations du Saint-Esprit. C'est le

« seul degré, Monseigneur, qui vous reste à présent à
« monter pour être si haut qu'il n'y ait plus rien entre
« Dieu et vous qui vous sépare. Et ce sont les vœux,

      « Monseigneur,
        « de
« vos très humbles, très obéissants et très obligés servi-
« teurs, les habitants de la Principauté du Briançonnais.
« Et pour eux,

                « D. PONTS. »

Ce pressant appel à la justice de Richelieu ne fut probablement pas sans influence sur l'issue du litige soumis
au Conseil d'État du Roy.

Il fut fait droit à la majeure partie des revendications
des communautés, ainsi qu'il résulte des décisions du
Conseil du Roy qui suivent :

« Arrêt du Conseil d'État du Roi, du 9 juillet 1642, qui
maintient les habitants des communautés de la Principauté et du bailliage de Briançonnais, en la possession et
jouissance d'établir des Secrétaires-Greffiers.

« Arrêt du Conseil d'État du Roi, du 18 décembre
1642, qui décharge les Communautés de la Principauté et
bailliage du Briançonnais de l'établissement des Offices
de Collecteurs et Contrôleurs, des Secrétaires-Greffiers
et des taxes faites en conséquence.

« Arrêt du Conseil d'État du Roi, du 12 octobre 1644,
qui décharge les Syndics, Consuls et Communautés du
bailliage et principauté du Briançonnais, des taxes sur les
Offices de Collecteurs et Receveurs particuliers des tailles
des Paroisses. »

GIRAUD (Joseph-Étienne) Dr.

Pour dignement dépeindre l'exquise valeur morale de Joseph Giraud, sa haute raison, sa vie laborieuse, il faudrait posséder, à un degré quelconque, les dons de son esprit, les délicatesses de son cœur. Pour dire sa science, des connaissances spéciales seraient indispensables ; elles me font défaut. Mais si, sur le premier point, le caractère et les qualités acquises, je dois demeurer au-dessous de ma tâche de biographe, je puis du moins invoquer, pour signaler le mérite des travaux scientifiques du docteur Giraud, le témoignage de savants autorisés.

Une notice nécrologique sur le docteur Giraud, par M. Léon Fairmaire, a été lue à la Société entomologique de France dans la séance du 24 octobre 1877.

Les appréciations de ce savant sur les travaux de Giraud lui sont, bien entendu, personnelles. Quant aux faits particuliers, aux diverses phases de l'existence, M. Fairmaire les a puisés dans des notes autobiographiques dictées, peu de jours avant sa mort, par le docteur à son fils, à mon intention et sur ma demande. M. Fairmaire me fait l'honneur de citer, au début de sa notice, quelques réflexions que j'ai émises, jadis, sur l'influence du lieu natal quant à la trempe du caractère et la direction de l'activité intellectuelle. Qu'on me pardonne la reproduction de ces quelques lignes. Je ne me la permets que parce que je crois très fondée mon observation à ce sujet.

« Le docteur Joseph-Étienne Giraud, dit M. Fairmaire, était né le 31 janvier 1808, au Sarret, hameau du Briançonnais, dans les Hautes-Alpes, pays qui a déjà donné à la France des savants et des naturalistes distingués. Comme l'a dit M. Albert dans son Étude biographique sur

le botaniste Villar, compatriote du docteur Giraud : « Les
« pays montagneux, à rude température, aux horizons
« rétrécis, aux étroits vallons peu fertiles, sont en général
« le berceau des savants, des hommes de pensée nette,
« claire, pratique; là, se trempent solidement, pour le dur
« combat de la vie qui y commence dès les premiers
« jours, de fortes intelligences portées à la méditation, à
« l'activité, de travail opiniâtre, de conception féconde.
« La biographie des Hautes-Alpes, cette contrée d'aspect
« sévère, sillonnée dans ses vals profonds par des torrents
« aux larges déjections pierreuses, hérissée de rochers,
« surtout dans sa partie septentrionale, le Briançonnais,
« donne un dénombrement respectable d'hommes qui se
« sont distingués au premier rang dans les sciences,
« dans le barreau, dans l'industrie, le commerce. »

Le père de Joseph Giraud était, comme un grand nombre de ses compatriotes vallouisiens, un modeste institu-
teur. Sa mère, femme supérieure, appartenait à une
famille qui tenait le premier rang dans la commune de la
Pisse, comptant, parmi les aïeux, des châtelains de la
Vallouise et des consuls de la communauté, ayant donné
à la science, au XVIIIe siècle, le jésuite Jean-Joseph Rossignol, homme d'un savoir universel. Son oncle maternel,
l'abbé Rossignol, qui a été plus tard le curé-archiprêtre
d'Embrun, était, dans les dernières années de la Restauration, principal du collège de la ville. Il appela auprès
de lui son neveu dont il avait reconnu les rares aptitudes
pour les sciences. Il dirigea les études de ce disciple aimé
et put s'applaudir de son affectueuse tutelle par les bril-
lants résultats de ses soins.

Ses études achevées, Giraud se consacra à l'enseignement. Il fut chargé de l'éducation des fils de M. le marquis

de Roussy, préfet des Hautes-Alpes. Deux ans après, il espéra entrer dans les Eaux et Forêts; son attente fut déçue. Ne voulant pas ajourner la création d'une carrière, il se rendit à Paris, affrontant, avec une froide détermination, les épreuves que lui réservait l'extrême modicité de ses ressources.

Un de ses compatriotes, M. Sémion, l'un des plus notables libraires de Lisbonne, qui savait la valeur et la droiture de Giraud, le choisit pour créer à Rio-Janeiro, une maison de correspondance. La réalisation de ce projet échoua par le fait d'une révolte des nègres au Brésil. Il fréquentait, en attendant, les cours de la Faculté de médecine. Il s'adonna avec ardeur et avec succès à l'étude de cette science. Dès la troisième année, il fut nommé interne des hôpitaux et trouva dans les avantages attachés à ce poste et dans les leçons d'anatomie qui lui furent demandées, des ressources qui le mirent à même, étant données ses habitudes d'existence modeste et de sévère économie, de continuer et d'achever ses études.

Pendant sa troisième année d'internat, le docteur Chomel, son professeur, qui connaissait sa science aussi sûre que précoce, lui proposa d'aller à Vienne, en Autriche, donner ses soins à une jeune personne de la grande famille polonaise Zamoïski, qui avait été sa cliente à Paris. Il accepta, prit son diplôme de docteur et partit pour Vienne. Son séjour à l'étranger devait être court. Mais les soins intelligents donnés à la malade et leur heureuse réussite procurèrent tout de suite au jeune docteur une clientèle inespérée et de premier ordre dans la haute société de Vienne. Des alliances avaient uni la famille Zamoïski à la famille princière des Czartoriski. Giraud fut le médecin des deux familles et de leurs alliés.

Le docteur Giraud demeura de longues années à Vienne, appelé, pour l'exercice de sa profession, dans toutes les provinces de l'Autriche, de la Hongrie, de l'Allemagne. Il passa, entre temps, deux ans à Rome, donnant des soins à une jeune princesse de la famille Constantin Czartoriski. Le savant, pendant ce séjour à Rome, s'éprit des Beaux-Arts et les aima en homme de goût. De retour à Vienne, il fut appelé en Podolie, en Ukraine et jusqu'en Bessarabie; son séjour en ces provinces fut de huit mois.

Partout, il exerça sa profession avec éclat.

Ces voyages furent accomplis, par la délicate prévoyance et les soins de ses nobles clients, dans des conditions exceptionnelles de confort et de sécurité. Les rémunérations, bien supérieures au taux des honoraires les plus élevés, étaient transmises au médecin français avec les formes de la courtoisie la plus ingénieusement délicate. L'ardeur de gratitude, les entraînements chevaleresques qui sont des traits du caractère de cette noble race slave, avaient laissé dans le cœur du docteur Giraud les plus doux souvenirs. Notons en passant que dans ses nombreuses pérégrinations, Giraud recueillit ainsi, sans la poursuivre, une jolie fortune et qu'il ne manqua pas une occasion de se livrer à son penchant pour l'histoire naturelle. Il s'adonna surtout à l'étude des coléoptères et des hyménoptères.

Membre fondateur de la Société zoologico-botanique de Vienne (Autriche), dont il fut le président, Giraud prit une large part aux travaux de cette Société, comme en témoignent les nombreux mémoires qu'il lui soumit et qui ont été publiés. « Il dirigea surtout, dit M. Fairmaire, ses « investigations sur les galles qui croissent notamment sur « les diverses espèces de chênes, sur les insectes qui en

« déterminent la formation et sur les nombreux parasites
« qui viennent compliquer encore les recherches relatives
« aux mœurs des hyménoptères gallicoles. C'est à lui cer-
« tainement qu'on doit le développement qu'a pris, parti-
« culièrement en Autriche, l'étude de ces galles si négli-
« gées depuis Malpighi et d'Anthoine jusqu'à Hartig. Les
« tenthrédinées et les ichneumonides ont été aussi l'objet
« de ses recherches, qui ont notablement agrandi nos con-
« naissances sur les mœurs et les métamorphoses des
« insectes de ces deux familles. »

Le docteur Giraud, gravement atteint dans sa santé,
revint en France vers 1864 et passa près de deux années
à Grenoble où il se lia d'amitié avec Hippolyte Bouteille,
l'auteur de l'*Ornithologie du Dauphiné*. « La clarté, me
disait Bouteille, était la caractéristique des beaux travaux
du docteur Giraud, qui pouvait dire comme J.-J. Joubert :
« J'ai fort étroite cette partie de la tête destinée à rece-
« voir les choses qui ne sont pas claires. »

Pour suivre les études de son fils, le docteur Giraud
quitta Grenoble et se fixa à Paris. Il y continua ses
travaux scientifiques et ses publications. Reçu, dès 1852,
membre de la Société entomologique de France, il en fut
nommé vice-président en 1869 et président en 1870. En
1874, il reçut la plus haute distinction de la Société, celle
de membre honoraire. Il publia dans le bulletin de cette
Société de nombreuses études sur l'entomologie. Mais la
santé du savant déclinait de plus en plus. Une affection
de la moëlle épinière le condamnait à de cruelles souffrances stoïquement supportées. « Pour une intelligence
« aussi entière, dit M. Fairmaire, pour un esprit aussi
« actif et aussi chercheur, ce dut être une cruelle épreuve
« que d'être condamné à des crises violentes et inces-

« santes qui le réduisaient à une inaction à peu près
« complète. Les soins dévoués et empressés d'un de nos
« collègues, le docteur Laboulbène, ne purent que retar-
« der une catastrophe devenue inévitable après d'aussi
« longues années de souffrances, pendant lesquelles notre
« collègue ne se faisait guère illusion ; après quelques
« jours d'un mieux apparent, il fut subitement repris de
« douleurs plus aiguës, auxquelles il succomba rapide-
« ment. »

L'aveu de ces souffrances et la prévision d'une fin pro-
chaine se trouvent dans une lettre que m'écrivit le docteur
Giraud quelques semaines avant sa mort. Je transcris ici
ces sentiments et ces pensées de la dernière heure, qui
révèlent les énergies et la résignation de cette âme si
maîtresse d'elle-même, ce calme souverain évidemment
conquis par la puissance de la volonté et la constante aspi-
ration vers le bien :

« Paris, le 7 mars 1877.

« Mon cher ami,

« Je suis toujours très heureux d'apprendre de vos
nouvelles. Je regrette seulement de ne pas pouvoir vous
exprimer comme je le voudrais, les sentiments de reconnaissance que j'éprouve en voyant les nombreuses mar-
ques de l'intérêt et de la bienveillance que m'exprime
votre lettre.

« Pour me conformer à votre désir si obligeamment
manifesté dans votre billet, je vous envoie les quelques
mots que j'ai fait écrire et qui vous mettront au courant
de ma très modeste biographie et des quelques titres non

moins modestes de mes travaux entomologiques. Je
regrette beaucoup que ces travaux soient éparpillés dans
de nombreux volumes et qu'il me soit impossible de les
réunir en un seul, pour avoir le plaisir de vous l'offrir. Il
ne s'agit du reste que de matières intéressant plus parti-
culièrement les amateurs d'histoire naturelle et je pré-
sume qu'ils ne pourraient vous offrir que bien peu
d'attrait.

« Il n'en sera pas de même pour moi en ce qui concerne
la lecture de vos publications, que je recevrai avec le
plus vif plaisir.

« Tous vos travaux ont pour moi une puissante attraction et j'aurais voulu contribuer en quelque sorte à élu-
cider certaine question qui pourrait trouver place à côté
de vos attachantes notices. J'avais voulu réunir dans un
opuscule les observations que j'ai faites dans la vallée de
Vallouise et celle de Briançon sur les vestiges très mani-
festes et quelquefois éloquents, qui se sont conservés
depuis l'époque préhistorique de la période glaciaire du
globe. Il existe, en effet, dans la commune de Vallouise,
un magnifique échantillon de moraine qui remonte à
l'âge où cette vallée était entièrement occupée par d'im-
menses glaciers. Indépendamment de ces témoins d'évé-
nements si anciens, il existe bien d'autres indices du
travail des glaces à cette époque. Ainsi l'usure du granit
et les formes moutonnées que revêtent encore maintenant ces roches, de même que le dépôt de blocs de granit
au bas des montagnes qui sont d'une tout autre constitution et d'où ces granits n'ont pas pu être précipités.
Tout cela et bien d'autres considérations présentent un
tableau de phénomènes qui captive le géologue un peu
instruit.

« Je ne puis pas causer plus longtemps avec vous, car mes forces sont entièrement détruites et j'ai beaucoup de peine à débrouiller le peu d'idées qui me reste.

« Veuillez m'excuser du décousu de cette lettre que je n'ai même pas la force de signer et qui le sera par mon fils.

« Adieu donc, cher ami, je lutte pour le dernier combat et l'issue n'est pas douteuse. Je conserverai de vous le plus affectueux et sympathique souvenir.

« J. GIRAUD. »

Il mourut à Paris, le 29 mai 1877.

Joseph Giraud était de taille moyenne, un peu au-dessous peut-être, d'apparence chétive et souffreteuse. L'expression habituelle du visage était la mélancolie tempérée par une manifeste possession de soi-même. Son âme était forte, ouverte aux inspirations généreuses ; il était modeste, bienveillant aux autres, sévère pour lui-même et soumis à toutes les lois du devoir. Tel je l'ai connu, tel je l'ai admiré et aimé.

Qui suit, pas à pas, de telles existences, qui reconnaît et médite les mobiles dirigeants, se livre, sans y prendre garde, à la fructueuse lecture d'un beau livre d'hygiène morale.

L'annonce de la mort de Giraud rappela à ma pensée les pieux souhaits de Tacite à l'âme d'Agricola : « S'il « est un lieu pour les mânes des hommes vertueux, si « comme il plaît aux sages de le dire, les grandes âmes « ne s'éteignent pas avec le corps, repose en paix..... (Si quis piorum manibus locus ; si, ut sapientibus placet, non cum corpore extinguuntur magnæ animæ, placide quiescas). »

BIBLIOGRAPHIE.

Thèse soutenue à la Faculté de médecine de Paris, le 11 mai 1839, par J. GIRAUD, de Vallouise.

I. Des caractères anatomiques du cancer des centres nerveux, etc...

II. Des ouragans, de leurs causes, de leurs effets les plus remarquables.

Dédicace à son père, à sa mère, à son oncle Rossignol, membre de la Légion d'honneur ; à M. Sémiond, négociant à Lisbonne ; au docteur Duthieul.
— Paris, 1839, in-4°, 41 pages.

Travaux entomologiques publiés dans les Mémoires de la Société de Zoologie et de Botanique de Vienne (Autriche).

Verhandlungen des Zool. bot. Vereins in Wien :

1. — Esquisse entomologique des environs de Gastein, 1847 (en allemand).
2. — Coléoptères trouvés à Gastein, 1851 (en français).
3. — Observations sur les métamorphoses du Dorcatoma rubens, 1851.
4. — Notes sur quelques Hyménoptères, 1854, pp. 601-608 :
    Pompilus viaticus. — Xyphydria dromedarius. — Aulacus exaratus. — Rhyssa curvipes. — Bracon obliteratus.
5. — Galles sur Alyssum incanum, 1855.

6. — Observations sur quelques espèces d'Hyménoptères rares ou peu connues, 1856, pp. 179-188 :
   Pristocera depressa. — Epyris niger. — Meria nitidula. — Myrmosa nigra. — Typhia femorata. — Elasmus flabellatus, E. Westwoodi. — Onychia scutellata. — Collaspidia Fonscolombii. — Nematus abdominalis

7. — Description de quelques Hyménoptères nouveaux ou rares, 1857, pp. 163-184 :
   Euceros crassicornis, E. albitarsus. — Metopius nasutus. — Mesostenus nubeculator. — Anomalon fasciatum. — Pezomachus tricolor. — Pachylomma buccata, P. Cremieri. — Ischiogonus longicaudis. — Aleiodes formosus, A. carbonarius, A. grandis. — Panurgus fasciatus. — Anthidium bidentatum. — Osmia cylindrica, O. spiniventris. — Allentus Frauenfeldi. — Tenthredo idriensis, T. coryli et intermedia. — Lyda aurantiaca. — Cephus luteomarginatus.

8. — Note sur un Hyménoptère nouveau du genre Ampulex (A. europeus). — Myrmosa nigra. — Mutilla nigrita, p. 441.

9. — Signalements d'espèces nouvelles de Cynipides et de leurs galles (38 espèces nouvelles), 1859, pp. 337-374.

10. — Énumération de Figitides de l'Autriche, 1860, pp. 124-176 (tirage à part).

11. — Description de deux Hyménoptères nouveaux du genre Lyda (L. pumilionis et laricis), pp. 81-92, accompagnée d'observations sur les espèces connues de ce genre, 1861.

12. — Fragments entomologiques, 1861 (tirage à part).

I. Descriptions de plusieurs Apides nouvelles :
  Melitturga præstans. — Systrophe curvicornis, S. planidens. — Panurginus montanus, P. labiatus, halictoides, hispanus. — Rhophitoides canus. — Coletes nasuta. — Megachile manicata. — Osmia rhinoceros, cylindrica, rufohirta, xanthomelæna, nigriventris.

II. Supplément à l'histoire des Diptères gallicoles :
  Cecidomyia cerris, circinans, salicina, saliciperda, rasaria, salicis. — Lasioptera eryngii. — Agromyza Schineri. — Lonchæa lasiophthalma. — Cacoxenus indigator. — Ortalis connexa.

III. Description d'un Coléoptère nouveau.
  Sibynes gallicolus.

13. — Hyménoptères recueillis aux environs de Suze, en Piémont et dans le département des Hautes-Alpes, 1862 (tirage à part).

14. — Mémoire sur les insectes du Roseau, pp. 1251-1288 (tirage à part).

15. — Notice sur les déformations du Triticum repens, pp. 1289-1295.

16. — Selandria xylostei.

17. — Description et biologie de trois nouvelles Cecidomyia : C. corni, asclepiadis, acerina, pp. 1301-1306.

18. — Notes diverses, pp. 1306-1312.

Annales de la Société entomologique de France.

19. — Diverses galles du Chêne, 1866, pp. 197-200.
  Insectes de la Ronce, pp. 443-500.

20. — Sur le Cynips fecundatrix, 1867, Bull., p. XIII.

Sur le Bostrichus Kaltenbachii, Bull., p. LVIII.

Sur les Alphidiens, Bull., p. LXXV.

21. — Notes sur plusieurs galles, Bull., p. LII, 1868.

— — — Cynips et Aulax, Bull.,
p. CIX.

22. — Notes sur trois Hyménoptères parasites :

Sympiesis sericeicornis, Pteromalus Sieboldi,
Pimpla cheloniæ, p. 145.

Note biologique sur la Melittobia Audouinii,
p. 151.

Découverte des mœurs du Janus femoratus, Bull.,
p. XXVI.

Hyménoptère nouveau : Ammoplanus, p. 469.

Description du Lyda parisiensis, p. 474.

Galles du Limoniastrum et parasites :

Hormopterus Olivieri. — Microgaster gallicolus. — Callimome albipes. — Arthrolysis Guyoni.
— Eupelmus Guenei, p. 476.

23. — Note sur le Janus femoratus, 1870, p. 27.

Sur l'appareil du docteur Schiner, Bull., p. V.

Sur le Janus femoratus, Bull., p. VII.

Sur la découverte des mœurs des Mantispa, par
M. Brauer, Bull., p. XXXI.

Sur la Dufourea Dejeanii, Bull., p. XLIII.

Remarques sur les parasites des galles du Limoniastrum Guyonianum, p. 367.

24. — Sur les mœurs des Sapyga, Bull., p. XXVII, 1871.

Notès sur quelques Eupelmus, Bull., p. XVIII.

Sur quelques Insectes du Dauphiné, Bull., p. XLIX.

Sur la maladie de la vigne, Bull., p. LI.

Sur les Elasmosoma berolinense et viennense,
p. 299.

Miscellanea hymenopterologica :
Sur le Céramius lusitanicus, p. 375. — Sur les fausses chenilles épineuses du Chêne, p. 380.
Description d'Hyménoptères nouveaux et Remarques sur quelques espèces déjà connues :
Heriades glutinosus. — Prosopis Giraudi. — Ischnus tineidarum, I. nigrinus, I. truncator. — Plectiscus tenthredinarum. — Perilissus luteocephalus. — Mesoleius formosus. — Tryphon lateralis. — Trematopygus selandrivorus. — T. aprilinus. — Erromenus fasciatus. — Polyblastus annulicornis. — Echthrus populneus. — Diplomorphus thoracicus. — Aglyphus nigripennis. — Phytodietus pilosellus. — Eupelmus cicadæ, E. splendens, E. bifasciatus, p. 389.

25. — Note sur les mœurs de l'Anthomyia Spreta, p. 503, 1872.
Note sur les Pteromalus abieticola et multicolor, Bull., pp. IX et X.
Note sur le Cæloides Scolyticida, Bull., p. XI.

26. — Observation d'environ sept cents espèces d'Hyménoptères parasites observées par le docteur Giraud. Publication confiée aux soins de M. le docteur Laboulbène et de M. Lichtenstein.

« Pendant son séjour à Vienne, le docteur Giraud avait consacré beaucoup de temps et de soins à recueillir des matériaux pour une Monographie des Cynipides d'Europe, et il avait fait exécuter de très beaux dessins de la plupart de leurs galles. Ce travail, qui eût été un véritable monument scientifique, n'a pu être publié à cause des longues souffrances qui minaient la santé de l'auteur, et, disons-le aussi, à cause de la modestie du docteur Giraud qui, toujours aussi sévère pour lui-même qu'il était bien-veillant pour les autres, ne trouvait jamais ses recherches complètes et hésitait longtemps avant de les livrer à la publicité ; c'est ce qui explique pourquoi, malgré les ma-tériaux si intéressants qu'il possédait, ses mémoires n'ont pas été plus nombreux. » (Note de M. Léon Fair-maire.)

« Pendant mon séjour à Vienne, j'avais consacré beaucoup de temps et de soins pour une monographie des Cynipides d'Europe, et j'avais fait exécuter de très beaux dessins de la plupart de leurs galles. Ce travail n'a pu être poursuivi à cause des longues souffrances qui ont détruit ma santé.

« Ma collection d'Hyménoptères fait maintenant partie de celle du Muséum d'histoire naturelle de Paris auquel j'en ai fait don. » (Note auto-biographique du docteur Giraud.)

GIRAUD (ÉTIENNE), dominicain.

C'est dans l'*Histoire du diocèse d'Embrun,* du curé Albert, que l'on trouve une courte mention du P. Giraud. Il en parle en ces termes :

« Le P. Étienne Giraud, de l'ordre de Saint-Dominique,
« natif du village de la Pisse, s'était acquis la réputation
« d'un savant théologien. Il avait enseigné vingt ans la
« Philosophie et la Théologie à Salamanque, avec dis-
« tinction. Il vint ensuite enseigner à Vienne, en France,
« toujours avec la même célébrité. Il fut fait provincial
« de son ordre en la province de Provence. On lui donna
« le doctorat comme par force, qu'il n'accepta que par
« obéissance pour ses supérieurs. Il finit ensuite ses

« jours à Gap, après la peste de 1629, où il eut beaucoup
« à souffrir de la part de son prieur, qui n'avait aucun
« égard pour lui. » [1]

GUILLE (AUGUSTIN).

Guille (Augustin), né à Saint-Martin-de-Queyrière,
représenta le Briançonnais aux états du Dauphiné de
1613 et 1614. Dans un mémoire dressé avec talent et
clarté, il exposa les droits, les réclamations et les vœux
du Briançonnais. Ce mémoire, ms. remis à M. Gariel par
M. Fauché-Prunelle et dont j'avais pris connaissance,
a été égaré. Malgré les obligeantes recherches de
M. Edmond Maignien, l'érudit bibliothécaire de Grenoble,
il n'a pu être retrouvé.

GUILLE (SÉBASTIEN).

Né à Saint-Martin-de-Queyrière, le 19 janvier 1757,
décédé le 21 floréal an IX de la République française
(10 mai 1801).

C'est, je crois, Ernest Arndt qui a dit quelque part :
« Contre la concussion, contre l'improbité, contre la ca-
lomnie que ta bouche soit de fer. »

L'énergie de celui qui regarde comme loi de conscience
ce mâle précepte doit être à la hauteur de sa droiture.
Démasquer et traduire devant l'opinion publique, poursuivre devant les organes de la justice, les concussion-
naires, les prévaricateurs, les usuriers, c'est ameuter
contre soi une bande redoutable de gens de réputation
équivoque, de calomniateurs habiles, de malfaiteurs frap-

---

[1] *Histoire du diocèse d'Embrun*, t. I, pp. 310-311.

pant dans l'ombre, habiles à se dérober. Pas de pire
bassesse que celle d'une âme envahie par la convoitise
effrénée de l'argent.

Sébastien Guille éprouva, dans le cours de son existence, combien cette courageuse mission de redresseur
des torts comporte d'épreuves douloureuses et de réels
dangers. Fils de Jean-Louis Guille, secrétaire-greffier de
la communauté de Saint-Martin-de-Queyrières, il avait pu
constater et dénoncer des détournements de deniers publics opérés par trois anciens administrateurs de la communauté. Exaspéré par cette révéla'ion d'un acte
malhonnête et par la restitution à laquelle il avait été
contraint, l'un de ces gérants infidèles des deniers com-
munaux, accusa Sébastien Guille et son frère Louis d'une
tentative d'assassinat sur sa personne, à la date du
14 janvier 1783, la nuit, sur le grand chemin. Le vibailly
de Briançon, dont Sébastien Guille s'était vanté d'avoir
fait réduire les *épices* par le Parlement dans un procès
antérieur, déclara, par sentence du 24 janvier 1784, les
frères Guille *soupçonnés !!* d'avoir attenté à la vie d'Antoine P. D. et en réparation les condamna à *trois ans
d'absence* et *aux frais des procédures.*

Les frères Guille interjetèrent appel de cette sentence.
Une longue détention des deux inculpés dans les prisons
de la ville de Briançon précéda et suivit cette étrange
décision.

Devant le Parlement, les frères Guille démontrèrent
jusqu'à l'évidence, qu'ils avaient été victimes d'une odieuse
machination. La sentence du vibailly fut mise à néant
par arrêt du 30 septembre 1784. Les frères Guille furent
déchargés de l'accusation portée contre eux. La Cour
leur réserva toute action en dommages-intérêts. Cette

action, ils l'intentèrent, et leur cause, plaidée en 1785 par l'éloquent avocat Achard de Germane, triompha devant le Parlement. (Voir *Mémoire pour Sébastien et Louis Guille*, in-4°, 155 p., Grenoble, 1784, et 2e mémoire, 23 p. in-4°, 1785, Grenoble, Bibliothèque publique de Grenoble, tome 38, n° 935 ; tome 44, n° 1082. Collection des factums Gariel.)

Cette persécution, au cours de laquelle Sébastien Guille révéla de remarquables qualités d'énergie, d'intelligence, de finesse montagnarde, mit en relief sa personnalité dans le Briançonnais. Il obtint des provisions de notaire à Saint-Martin-de-Queyrières le 20 décembre 1786. Il fut élu consul de la communauté de Saint-Martin-de-Queyrières en 1788 et, la même année, député à l'assemblée de Romans. Acquis par ses études, par sa haine contre l'arbitraire dont l'abus déconsidérait à ses yeux certaines institutions sociales, aux principes de la Révolution, il en embrassa la grande cause avec ardeur. Uni par la communauté des convictions politiques avec les Briançonnais partisans déclarés des idées nouvelles, Bérard, Blanchard, Charbonnel-Salles et autres, il prit part aux manifestations qui eurent lieu en 1790, lors de la nomination de M. de Clermont-Tonnerre comme chef de la garde nationale de Briançon, nomination qui blessait au vif les mœurs anti-aristocratiques du pays Briançonnais et ses séculaires traditions d'égalité.

Guille fut l'un des plus ardents protestataires contre ce choix impolitique. (Voir ma *Biographie du Briançonnais, (cantons de la Grave et du Monêtier-de-Briançon)*, pp. 16, 17, 18 — v° Bérard.)

Le 9 juillet 1790, Sébastien Guille fut appelé par les électeurs des Hautes-Alpes, réunis à Chorges, à faire partie du conseil du département. Pierre Martinon, notaire au Monêtier-de-Briançon, et Sébastien Guille furent les deux premiers élus du Briançonnais.

En 1792, il fut nommé membre du directoire du district de Briançon.

Nommé commissaire pour la levée de 310 hommes de recrutement dans le canton de Briançon, en exécution de la loi du 24 février, Sébastien Guille apporta dans l'exécution de cette tâche difficile autant d'activité que d'intelligence. Ses efforts furent couronnés de succès.

Guille se multipliait, ne reculait devant aucun sacrifice d'argent, devant aucun labeur, aucun péril, quand l'intérêt de la patrie qui parlait haut et noblement dans son cœur, réclamait son dévouement.

Porté au directoire du département, Guille eut à réprimer des abus, à prévenir ou à signaler des concussions, des détournements de deniers publics. De là des inimitiés, des dénonciations anonymes qui trouvèrent créance, en ces temps orageux, auprès du pouvoir central, trop éloigné pour s'assurer de la réalité des choses, trop pressé d'agir alors que la France était menacée des plus formidables périls, assaillie de toutes parts par l'étranger et par les ennemis non moins redoutables de l'intérieur. Guille se vit inopinément, dans les premiers mois de 1793, mis en arrestation et destitué de ses fonctions de notaire. Il se défendit avec éloquence, avec succès. Dans une adresse au Comité du Salut public, il raconta sa vie, ses actes inspirés par un ardent patriotisme, son désintéressement.

Cette autobiographie reçut la certification dans les termes les plus élogieux pour lui de tous ses compatriotes, de ceux qui l'avaient vu à l'œuvre. Le Conseil général de la commune de Saint-Martin (alors Rocheforte-de-Queyrières), les administrateurs du district de Briançon, les municipalités du canton de l'Argentière, la *Société républicaine populaire* de Briançon, tous se portèrent avec empressement les garants de son civisme, rendirent hommage à sa probité, à son désintéressement, à son ferme patriotisme. Guille élargi, réintégré dans ses fonctions de notaire, fut, jusqu'à la fin de sa vie, honoré de la confiance et de la vive estime de ses compatriotes.

Tel fut ce citoyen qui refusa toujours toute fonction salariée et donna l'exemple du dévouement courageux, du respect de la loi et de la fidélité à ses convictions politiques. Il décéda à Saint-Martin-de-Queyrières, à l'âge de 44 ans, le 11 mai 1801.

BIBLIOGRAPHIE.

Sébastien Guille, notaire de Rocheforte-de-Queyrières, district de Briançon, au Comité du Salut public de la Convention nationale et à ses concitoyens. — In-4º, 16 p., à Embrun, Moyse, imprimeur (1793).

A consulter :

Observations sur les manœuvres employées par les agents de l'aristocratie pour surprendre et égarer le patriotisme de la ville de Briançon. — In-12, 19 p., sans date, ni lieu d'impression (1790).

LÉOTAUD (Vincent).

Léotaud est né dans la Vallouise en 1595. Dès ses plus jeunes années, il révéla un penchant décidé et de rares aptitudes pour les sciences exactes. En 1613, il entra dans l'ordre des Jésuites et fut appelé très jeune à enseigner les mathématiques au collège de Dôle, qui était alors en possession d'une grande renommée par la science des professeurs. Après 14 ans d'enseignement à Dôle, il passa au collège de Lyon et dans les dernières années de sa vie, il se retira à Embrun dans une maison de son ordre. Il mourut dans cette ville le 13 juin 1672.

Ce savant fut d'une surprenante activité d'esprit. L'arithmétique, la géométrie, l'astronomie, la physique, la gnomonique, tels furent les objets multiples de ses études et de ses publications. A ne juger des œuvres de Léotaud qu'à la surface de ses livres (de rarissimes savants pourraient seuls aujourd'hui en juger le fond) on est surpris d'un tel prodigieux labeur. Il s'explique à peine par les longues années consacrées à l'étude par l'auteur (près de 60 ans, de 1613 à 1672).

Une autre réflexion s'impose. A quelle source ont été puisés les frais de ces publications? Ces livres sont des in-4° volumineux, bourrés de figures de géométrie, de mécanique, d'astronomie. Il fallait que le mérite scientifique de Léotaud fût grand et partout proclamé pour qu'il ait pu mettre au jour, au prix de sommes considérables, des œuvres réservées à un nombre restreint de savants. Peut-être la puissante Compagnie de Jésus s'associa-t-elle par un subside important à des publications dont l'honneur devait rejaillir sur son ordre ; peut-être aussi Léotaud trouva-t-il des Mécènes généreux? Ce qui autorise la créance à la réalité de cette dernière hypothèse, c'est le fait des dédicaces de chacun de ses livres à des hommes riches et puissants, occupant dans la hiérarchie des détenteurs des pouvoirs publics les situations les plus élevées.

Le livre : *Geometricæ praticæ elementa* fut dédié à Jean Boyvin, président au Parlement de Dôle, auteur de : Le *Siège de la ville de Dôle* (1637).

L'œuvre : *Examen circuli quadraturæ* est dédiée à Hugues de Lionne (nobilissimo et amplissimo Hugoni de Lionne).

Le livre : *Cyclomathica seu multiplex circuli contemplatio* est dédié à Georges d'Aubusson, des comtes de la Feuillade, archevêque et prince d'Embrun.

La *Magnetologia* est dédiée à François de Ponat, président à mortier au Parlement de Grenoble.

Le beau livre : *Institutionum arithmeticarum libri quatuor* est dédié à François de Chaillot, vibailly du Briançonnais.

Les armoiries des protecteurs s'étalent à la première page de chacun de ces ouvrages.

Ces dédicaces sont de curieuses formules d'adulation envers les hauts personnages auxquels elles s'adressent. C'était le prix de la protection accordée à l'auteur et sans doute aussi des frais, en tout ou en partie, de la venue au jour du livre. Il y avait là un contrat tacite auquel personne ne trouvait à redire. Les savants les plus renommés, les hommes de lettres les plus réputés de ce temps, furent soumis à cette épreuve.

Montucla (*Histoire des Mathématiques*) parle de Léotaud avec éloge à plusieurs reprises.

Descartes, Huyghens et le père Léotaud avaient prouvé l'erreur de Grégoire de Saint-Vincent qui prétendait avoir démontré la quadrature du cercle.

Les disciples de Grégoire de Saint-Vincent, les pères Ainscom et Sarressa prétendirent que Descartes, Huy-

ghens et Léotaud n'avaient point pris le véritable sens de
leur maitre.

« C'était, dit Montucla, ce qu'attendait le père Léotaud
« pour porter le dernier coup à la prétendue quadrature.
« Il ne restait plus de subterfuge à ses défenseurs qui
« s'étaient authentiquement expliqués sur le sens dans
« lequel il fallait prendre certaines expressions ambiguës.
« Le jésuite dauphinois montra donc clairement qu'en
« les prenant même dans ce sens, il n'en resterait qu'une
« erreur au lieu de la véritable quadrature du cercle. »
Montucla, *Hist. des mathém*, t. II, pp. 65 ou 77, selon
les éditions.

Remarquons, en passant, qu'un siècle avant cette polémique scientifique dans laquelle Léotaud révéla, avec un
certain éclat, la puissance de son esprit, un autre Briançonnais, Oronce Fine, avait publié, sur le même sujet, un
livre fort admiré : *Orontii Finæi quadratura circuli et
demonstrationes variæ*. Paris, 1544.

Le père Léotaud s'était adonné à l'étude de la gnomonique. Cette science qui fixe les règles de l'établissement
des cadrans solaires *solarium, sciothericum horologium*
était fort en honneur aux XVIᵉ et XVIIᵉ siècles. Née en
Chaldée, cultivée en Égypte, chez les Hébreux, en Grèce
et à Rome, elle s'était presque perdue au moyen âge. Le
jésuite Christophore Clavius écrivit un *Traité complet sur
la gnomonique*, publié à Rome, in-fᵒ, en 1581. Jean Voet
en 1608, Budowez en 1616, Salomon de Caus en 1624,
Jacques Duduiet en 1631, Kircher en 1635, Hume en
1640, Desargues en 1643, avaient, avec plus ou moins de
succès, traité le même sujet. Léotaud, contemporain de
ces savants, s'était associé à leurs travaux. Guy-Allard
(Biblioth. histor. du Dauphiné) rapporte que le savant

Vallouisien laissa à sa mort des instruments gnomoniques.

Léotaud s'occupait aussi d'astronomie. Il écrivit à Juvénis des observations sur une comète apparue en février 1661 ; sa lettre, rapportée par Juvénis dans ses *Notes autographes*, est datée d'Embrun du 9 février 1661. (Mss. dont j'ai fait don à la Bibliothèque publique de Grenoble, catalogué sous le n° 7042.)

Quatre ans plus tard, il écrivait encore à François de Ponnat sur l'apparition de deux comètes en décembre 1664 et janvier 1665. (Lettre du 4 mars 1665.)

On peut présumer que Léotaud, dans ses études astronomiques, devait être en collaboration avec Claude Commiers, chanoine d'Embrun, son contemporain, qui publia, en 1663, son livre : *La nouvelle science des comètes*.

Le père Vincent Léotaud n'était pas seulement un mathématicien et un astronome, il avait la prétention d'être aussi un architecte. En 1646, il fut question de réparer les murs d'enceinte de la cathédrale de Gap et d'édifier le clocher. L'évêque de Gap, le chapitre et la communauté passèrent une adjudication sur les plans et les dessins du P. Vincent Léotaud (acte du 23 février 1646, reçu M⁰ Plauchu, notaire). Raymond Juvenin figure au nombre des membres de la commission. Ses relations avec le P. Léotaud autorisent à penser qu'il ne fut pas étranger au choix de l'architecte.

Quant à l'œuvre et à son mérite architectonique, voici l'opinion de M. Théodore Gauthier[1] : « N'en déplaise au « R. P. Léotaud, au lieu de coiffer d'un bonnet chinois la

---

[1] Lettre VIᵉ sur l'*Histoire de la ville de Gap*.

« tour octogone de l'église cathédrale, il aurait bien plus
« droit à notre reconnaissance s'il avait rétabli cette
« flèche qui, d'après la tradition, s'élevait à *une hauteur*
« *prodigieuse,* quelque peu en harmonie qu'elle eût été
« avec l'édifice qui, dès lors, prit la forme arrondie de
« l'ordre toscan. »

Léotaud a fait un livre sur les propriétés de l'aimant et
leurs diverses applications : *Magnetologia*. Ce minéral
magnétique qui semble appartenir à la famille des êtres
organisés, par son pouvoir d'attraction et de répulsion,
son action sur les corps animés, a dû être investi souvent,
dans les esprits crédules, d'un pouvoir magique. Il a
hanté le cerveau des physiciens, des cosmographes, des
géologues plutonistes, des médecins. Les hypothèses les
plus variées, les plus aventurées ont été émises sur la
nature de ce minéral, sur ses propriétés. Il semble que le
dernier mot de la science sur ce sujet est encore à dire.

Voici une appréciation sur le mérite scientifique de
Léotaud par Nathaële Sotwel [1] :

Mathæsi addictus 14 annorum spatio, eam publicè
professus est; tanta nominis claritudine est paucos tota
Europa, habuerit sibi, suo ævo, in hâc facultate pares.
Decessit Ebreduni 13 juin 1672, parata typis moriens
reliquit, *analemmata seu planisphæria multiplicia* et
alia.

BIBLIOGRAPHIE.

Geometriæ Practicæ Elementa, ubi de sectionibus
conicis habet quædam insignia. Dolæ, apud Antonium
Binart, 1631.

[1] Bibliotheca scriptorum societatis Jesu, 1676, in-f°. Romæ.

Curvilineorum Amænior contemplatio nec non Examen circuli quadraturæ a R. P. Greg. a S. Vincentio Societatis Jesu propositæ.

L'autre titre porte : Examen circuli quadraturæ hactenùs editarum celeberrimæ quam Apollonius alter, magno illo Pergæo non minor geometra, R. P. Gregorius a Sancto Vincentio Societatis Jesus exposuit. Authore Vincentio Leotaudo Delphinate ejusdem Societatis. Cujus opera et à tenebris simul emergit olim perelegans et peramœna curvilineorum contemplatio, olim inita ab Illustrissimo et Reverendissimo D. D. Artusio de Lionne. Episcopo et Comite Vapincensi, et abbate Solignacensi, regioque consiliario. Lugduni, apud Guillielmum Barbier, typographum regium, 1654, pp. 116. Pars secunda circuli quadraturæ a R. P. Greg. S. Vincentio. Soc. Jesu, propositæ, Examen à P. Vincentio Leotaudo Delphinate Soc. ejusdem institutum, pp. 296, s. l'appendix et l'index, 4º, avec figures et le portrait de messire Hugues de Lionne.

C'est sans doute l'ouvrage que Stowel cite sous ce titre : Etymon quadraturæ Circuli hactenus editorum celeberrimæ, quam Gregorius a S. Vincentio exposuit. Lugduni, 1653, 4º.

Cyclomathica seu multiplex circuli contemplatio tribus libris comprehensa. In I quadraturæ Examen confirmatur ac promovetur. — II. Anguli contingentiæ natura exponitur. — III. Quadraticis facultates inauditæ proferuntur Authore Vincentio Leotaudo, Delphinate, Societatis Jesu. Lugduni, Sumptibus Benedicti Coral, in Vico Mercatorio, Sub Signo Victoriæ. MDCLXIII, 4º. 10 ff, pp. 234 et 154.

Institutionum arithmeticarum libri quatuor in quibus

omnia quæ ad numeros simplices, fractos, radicales, ac proportionales pertinent Præcepta, clarissimis demonstrationibus, tum Arithmeticis, tum Geometricis illustrata traduntur. Authore Vincentio Leotaudo Delphinate Valloysiano Societatis Jesu. Lugduni, apud Guillielmum Barbier, Typographum Regium 1660, 4º, 8 ff, pp. 698.

Magnetologia sive nova de Magneticis Philosophia. Lugduni, Sumptibus Laurentii Anisson, 1668, 4º, pp. 420, fig., ou 1648, selon Lalande, Bibl. Astron.

Le P. Léotaud laissa plusieurs manuscrits, entre autres : Analemmata Seu planisphæria multiplicia.

Cette nomenclature des ouvrages du P. Léotaud est celle donnée dans la *Bibliothèque des écrivains de la Compagnie de Jésus* par Augustin de Backer. Liège, 1872 in-fº ; l'exactitude en a été contrôlée par nous, en regard des autres bibliographes, Stowel, Rochas, Brunet, etc.

Nous devons signaler cependant chez eux deux omissions :

1º Copie d'une lettre écrite par un père Jésuite du collège d'Embrun à M. de Ponnat, conseiller au Parlement de Grenoble, sur le sujet des comètes apparues ès mois passés de décembre et de janvier à Grenoble, chez Robert Philippes, imprimeur et libraire, 1665 in-8º, 18 pp. (signée à la fin V. L. (Vincent Léotaud).

Voir : (L'imprimerie, les imprimeurs et les libraires à Grenoble, par Edmond Maignien, p. 207).

2º Copie M. M. d'une lettre adressée à Juvénis.

« Lettre du P. Léotaud sur une comète (*sic*).

(Notes autographes de Juvénis).

PORTE (MICHEL).

Michel Porte est cité par les historiens vaudois comme l'un de leurs *Barbes* ou pasteurs remarquables par leur science et leur piété. Perrin (Histoire des Vaudois, p. 67) fait naître Michel Porte dans la Vallouise sans indiquer la date de sa naissance.

Leger (*Histoire générale des Églises vaudoises*, t. I, p. 203) qui italianise le nom de Porte (Michaele Porta), le fait naître dans la vallée de Pragela.

QUEYRAS (JEAN-FRANÇOIS).

Queyras est né à la Roche en 1805. Il fit ses études à Embrun. Un de ses oncles, l'abbé Queyras, qui était curé à Camaret, petite ville de l'arrondissement d'Orange et qui est mort vicaire général à Avignon, l'appela auprès de lui. M. l'abbé Queyras qui possédait l'estime et l'amitié de M. le marquis Vincens de Causans, demanda et obtint pour son neveu l'emploi de précepteur des deux fils du Marquis.

La famille de Causans, qui habite le château de ce nom, situé sur la commune de Jonquières, à quelques kilomètres d'Orange, est de la plus ancienne et de la meilleure noblesse du Comtat; elle s'est toujours distinguée par les plus hautes dignités dans la principauté d'Orange, par l'amour de la science et le culte des lettres. Le colonel Joseph-Louis Vincens de Mauléon de Causans fut, au XVIIIe siècle, un mathématicien réputé par l'étendue de son savoir et la nature primesautière de son esprit. Jacques Vincens de Causans, qui représenta la noblesse de la principauté d'Orange aux états généraux de 1789 et qui devint lieutenant-général et député sous la Restauration, faisait partie de l'Athénée de

Vaucluse; lié avec le chevalier de Lamanon et le docteur Guérin d'Avignon, il détermina de concert avec ces savants la hauteur du Mont-Ventoux et y prit part à des expériences barométriques. Dans une telle famille, le jeune précepteur ne pouvait être le bienvenu qu'à la condition de faire acte de savoir et d'aptitude à l'enseignement. Queyras se tira à son honneur de cette épreuve. Pendant sept ans, il dirigea avec succès l'instruction de ses élèves qui, ce laps de temps écoulé, purent entrer dans les premiers rangs des hautes classes du collège royal d'Avignon. M. le marquis Vincens de Causans, gentilhomme de la plus haute distinction, l'un des deux élèves de Queyras, rendait, ces jours derniers, en présence de l'un de mes amis, M. Victor Vincent, pleine justice au zèle, à la droiture, à l'aménité, à l'habileté pédagogique de son ancien professeur.

A sa sortie du château de Causans et après un autre essai d'éducation privée qui avorta par la turbulence de ses élèves, Queyras fut placé, par la toute puissante influence de M. le marquis Causans auprès de M. le baron de Serrières, en qualité d'intendant. A la suite d'une spéculation industrielle dans laquelle Queyras fit preuve d'intelligence et d'activité, spéculation fort lucrative, M. le baron de Serrières fit don à Queyras d'une somme de 40.000 francs.

Il est rare qu'on administre avec sagesse une fortune advenue d'une façon tout à fait inespérée et comme par miracle. Queyras mis en goût d'existence luxueuse et large par ce premier succès, voulut doubler son capital et l'aventura dans une affaire de banque qui sombra. Il perdit tout.

Queyras avait une instruction variée et solide, sinon de

premier ordre. Il possédait très bien les langues française, latine et italienne. Il savait aussi passablement le grec. A la suite de son revers de fortune, il s'adonna plus spécialement à l'étude approfondie de la géographie, de la cosmographie, de l'arithmétique.

Il publia, soit sous son nom seul, soit de concert avec son ami Maritan (de Névasches) plusieurs traités sur ces matières. Il traduisit aussi les œuvres du cardinal Pecca, le célèbre ministre camerlingue de Pie VII qui avait conseillé au pape la résistance contre Napoléon et lui avait fait signer la bulle d'excommunication de 1809. La traduction de Queyras fut jugée, soit dit en passant, bien supérieure à celles de l'abbé Jamet et de L. Bellaguet. (Opinion de M. Colomb de Batines. *Annuaire bibliographique du Dauphiné.*)

Ces publications, qui n'étaient pas sans mérite, ne furent pas assez fructueuses pour opérer un retour de fortune en faveur de Queyras. Sa situation devint de plus en plus embarrassée et difficile. Il connut la misère, mais non l'abandon. Deux de ses compatriotes, voués comme lui à l'enseignement, qui furent jusqu'au bout ses amis, MM. Maritan et Pascal (de Névasches) lui vinrent en aide et M. le marquis de Causans, mis, au dernier moment, au courant de la situation malheureuse de son ancien professeur, lui fit parvenir à Paris un large et généreux secours. Mais le délabrement de la santé et l'affaiblissement des facultés mentales étaient venus à la suite de l'infortune. Queyras mourut à Paris dans le courant de l'année 1855.

BIBLIOGRAPHIE.

Vie de Julius Agricola. La construction du texte et la

version interlinéaire par J.-F. Queyras. Avignon, Auba-
nel, 1827, in-12.

Géographie des géographies, ou nouveau cours de
géographie ancienne et de géographie moderne comparées
et pour la première fois mises en regard, avec un traité
de cosmographie,— par J.-F. Queyras et Verdier. Paris,
Debécourt, Jeanthon, 1837, in-12.

Arithmétique simplifiée, élémentaire et complète,
théorique et pratique, générale et commerciale. Notions
de géométrie et arpentage, etc. Paris, Poussielgue-
Rusand, 1838, in-12.

Autre édition, sous ce titre : Arithmétique populaire,
générale et commerciale, pratique et raisonnée. Paris,
Ebrard, 1841, in-12, sous le nom d'Eurysaq. (Anagramme
de Queyras).

Méthode classique de tenue de livres ou Nouveau
traité simplifié et complet de la tenue des livres en partie
simple, double et mixte. Paris, Poussielgue-Rusand,
1839, in-12.

Autre édition, sous ce titre : Méthode simplifiée de la
tenue des livres. Paris, E. Belin, 1848, in-18, avec un
tableau.

Nouvelle grammaire française élémentaire et complète,
selon les principes de l'Académie, contenant des méthodes
et des parties entièrement nouvelles, des exercices
gradués d'analyse, un précis de la philosophie des
langues, une théorie de la conjugaison qui offre en quelques pages la lexicographie de tous les verbes français,
tant réguliers qu'irréguliers, etc. Lyon, Pélagaud et
Lesne, 1839, in-12.

Petite géographie élémentaire méthodique, selon les
principes de Balbi et la méthode Gauthier. Paris, Belin-
Mandaz, 1839, in-18 avec une planche.

(Avec M. Maritan): Nouveau cours de géographie moderne, 1839, in-12.

Nouveau cours de géographie moderne et de géographie ancienne comparées, précédé d'un Traité de cosmographie, de sphère et du calendrier, ainsi que des notions générales sur les principales sciences relatives à la géographie.

Deuxième édition, entièrement refondue et rédigée sur un plan tout à fait nouveau, d'après les traités les plus récents. (Avec M. Maritan). Paris, Belin-Mandar, 1839, in-12.

La première édition de cet ouvrage a pour titre : Géographie des géographies. (Voir ci-dessus).

Géographie ancienne et du moyen âge, présentant les réponses aux questions du baccalauréat ès-lettres. Troisième édition, entièrement refondue par J.-F. Queyras et Maritan. Paris, Eug. Belin, 1848, in-12.

Mémoires sur le pontificat de Pie VII par le cardinal Pecca, traduits par Queyras. Lyon.

Œuvres complètes du cardinal Pecca, traduites sur l'édition italienne d'Orvieto de 1843 et mises en ordre par M. Queyras, traducteur des premiers mémoires imprimés à Lyon. Édition ornée de deux beaux portraits, 2 tomes. Paris, 1846.

ROSSIGNOL, calligraphe.

La calligraphie n'est plus en honneur aujourd'hui ; on se contente, en écriture, de la *lisibilité*. On ne cite plus les adeptes de cet art. Mais jusqu'à la fin du XVIIIe siècle, les fins maîtres en écriture acquéraient réputation et profits. On citait en France les Bardedor, les Lesgret, les Allais et en Angleterre Œillard. Parmi les calligraphes français, Rossignol était le plus réputé.

Les biographes n'indiquent point le lieu de sa naissance; mais son homonyme le jésuite Rossignol affirme qu'il est né comme lui dans la Vallouise. (*Lettres sur la Vallouise*, par M. l'abbé Rossignol, ci-devant jésuite, 1804, Turin, Soffletti, p. 15).

Le nouveau Dictionnaire historique (1770) donne en ces termes quelques détails sur Rossignol :

« Rossignol, fameux maître écrivain de Paris, mort
« d'un excès de travail dans un âge peu avancé en 1736,
« fut employé du temps de la Régence à écrire les billets
« de banque. On a gravé d'après ce maître, un des pre-
« miers et peut-être le premier dans son art. Il a été du
« moins le plus grand peintre en écriture qu'il y aura
« jamais. Il possédait la plume et la main au souverain
« degré. Maître de ses moindres mouvements, sa marche
« était toujours réglée, ses ensembles étaient d'une
« sagesse, d'une simplicité, d'une grâce qu'il est plus
« aisé de sentir que de décrire. Les Anglais ont enlevé
« une grande partie des pièces de Rossignol, pour
« lesquelles les Français, trop indifférents pour le bel art
« d'écrire, ne marquaient pas assez d'empressement. »

BIBLIOGRAPHIE.

L'art d'écrire nouvellement mis au jour sur les différents caractères les plus usités, d'après Rossignol, gravé par Le Parmentier. Paris, Chereau s. d. (vers 1750) in-fol°, 29 planches.

Traité d'écriture d'après les modèles du célèbre Rossignol, dirigé par Simonin et gravé par Molé. Paris, Jean, an IX (1801) in-fol° de 6 pages imprimées et de 25 planches gravées.

ROSSIGNOL (JEAN-ÉTIENNE).

Jean-Étienne Rossignol, né au Fanjas, *tierce* de la Pisse-en-Vallouise, s'était acquis, vers le milieu du XVIIᵉ siècle, par son intelligence et son instruction, une certaine notoriété dans le Briançonnais. Il partagea, avec Claude Desponts, l'honneur de poursuivre, par devant le Conseil du Roy, le redressement des torts subis par les Briançonnais, ensuite de la violation, par le pouvoir royal, de la charte du 29 mai 1343.

Il fut, en collaboration avec Desponts, en 1641, l'éditeur de la charte et de ses ANNEXES. — (*Voir* ci-dessus vᵒ Desponts).

ROSSIGNOL (JEAN-ÉTIENNE), né au Fanjas, commune de la Pisse.

Jean-Étienne Rossignol, deuxième du nom, fils ou petit-fils du précédent, obtint, en 1694, des provisions de châtelain de la Vallouise.

Cette charge était de quelque importance. Les attributions judiciaires qui y étaient attachées en Dauphiné étaient, suivant Salvaing de Boissieu, les suivantes : « Le bas justicier connaît des causes civiles jusques à « 60 sols et en beaucoup de lieux des criminelles dont « l'amende n'excède pas la même somme. »

Rossignol était depuis deux ans seulement en fonctions, lorsqu'il fut poursuivi, par devant le baillage du Briançonnais et successivement devant le Parlement, pour concussion et prévarication.

Le magistrat qui traduisit le châtelain concussionnaire devant la justice, était Mᵉ Joseph Bertrand, qui fut procureur du Roy au baillage de Briançon et successivement à celui de Grésivaudan.

Jean-Étienne Rossignol soumit au Parlement sa défense en un mémoire de 33 pages in-4°, signé Vion. L'accusé ne plaide, au fond, que des circonstances atténuantes.

Il semble s'abriter derrière la considération tirée de la minimité de l'argent détourné.

« La plus haute som.ne qu'on l'accuse d'avoir receu, « sans qu'il y en ait la preuve, ne va qu'à deux louis d'or « neufs et un écu blanc vieux. »

Ce mémoire justificatif ne justifie pas. Il est long et diffus ; la question dominante, la légitimité des actes incriminés, est à peine ébauchée ; les fins de non-recevoir constituent le fond de la discussion. (Bibliothèque publique de Grenoble. — R. 2,395-2,458.) 1699. Arrêt « con- « damnant Jean-Étienne Rossignol, châtelain et greffier « de Vallouise, à 100 livres d'amende envers le Roy et à « une aumône de 200 livres en faveur des pauvres de « ce lieu, pour cause de concussion et de prévarica- « tion dans l'exercice de ses fonctions et le décla- « rant incapable d'exercer aucune charge, avec in- « jonction de se défaire, dans six mois, de son office « de châtelain, sous peine de le déclarer vacant aux « parties casuelles du domaine. » (*Inventaire sommaire des Archives départementales de l'Isère*, t. I, p. 384.)

Jean-Étienne Rossignol est décédé en sa maison, hameau du Fanjas, le 12 décembre 1709. (*Archives des Hautes-Alpes,* tome I, p. 68.)

ROSSIGNOL (JEAN-JOSEPH), jésuite.

Né à la Pisse-en-Vallouise, le 3 juillet 1726, le jésuite Rossignol fut un caractère d'une rare originalité. Ses qualités et ses défauts, nets, tranchés, se manifestant en singuliers contrastes, ne reçurent aucune modification, aucun amendement de l'éducation, du milieu ambiant, de l'expérience de la vie.

Sincérité, fière indépendance même vis-à-vis de la puissante société dont il était membre, mépris de la richesse, dévouement en amitié, mœurs chastes, pauvreté stoïquement acceptée et supportée dans la vieillesse, tels sont les côtés nobles de cette nature.

Vanité puérile poussée aux dernières limites, irascibilité, grossièreté dans le langage et défaut de justice envers les adversaires, provocateur, autoritaire à l'excès, et malgré l'étendue de ses connaissances, d'une crédulité sans bornes en fait de miracles, tels étaient les côtés excentriques et regrettables.

Le trait dominant de ce caractère était l'instinct de *combativité* dont le penchant primordial n'avait été en rien atténué par l'éducation de la première enfance, à la Roche-de-Rame, auprès d'un grand-père rempli d'une tendresse aveugle et d'une dangereuse condescendance pour les volontés et les caprices de l'enfant.

Durant le cours de sa vie, dès qu'un débat s'élevait dans les temps orageux de la dernière moitié du xviiie siècle, dans le champ si bouleversé de la politique ou des institutions religieuses, dès qu'une controverse se produisait dans la carrière des lettres ou dans celle de la science, Rossignol prenait aussitôt parti et entrait en lice de plein saut. Il se jetait dans la mêlée en soldat intrépide :

Me, me, adsum qui feci ; in me convertite ferrum.

Il s'escrimait d'estoc et de taille. Comme les guerriers de l'épopée homérique, ce rude paysan injuriait, insultait ses adversaires.

Rossignol fut envoyé tout jeune au collège d'Embrun, alors tenu, avec un certain éclat, par les jésuites. Ses études classiques furent marquées par des succès. A leur achèvement, en 1742, il entra dans la Compagnie de Jésus et devint bientôt professeur dans l'établissement où naguère il était élève. Il y enseigna, pendant un certain nombre d'années, la philosophie, l'éloquence et la poésie.

Les connaissances multiples et chaque jour plus étendues du jeune professeur l'avaient signalé à l'attention de sa Compagnie. En 1757, il fut envoyé comme professeur de philosophie au collège des jésuites, à Marseille.

A cette époque, Rossignol résolut de présenter une thèse *de omni scibili*. C'est à Marseille et non en Pologne, comme l'ont prétendu l'abbé Feller et d'autres biographes à sa suite, que l'épreuve orale devait avoir lieu. Mais, malgré tout ce qui a été dit au sujet de cette thèse et de l'immense succès de l'abbé Rossignol, la vérité est qu'elle ne fut point soutenue. Le programme seul en fut établi. Il nous l'apprend lui-même dans l'*Histoire de ses œuvres*. La Compagnie de Jésus, qui pressentait l'orage précurseur de sa suppression, ne voulait point appeler l'attention publique sur ses actes et sur ses doctrines. Elle interdit l'épreuve orale. L'abbé Rossignol qui avait eu, assure-t-il, le suffrage fort élogieux de Voltaire sur le choix et l'importance des matières à traiter (était-il en garde contre la fine ironie du grand sceptique?), l'abbé Rossignol résista, s'emporta en un violent courroux, suivant son habitude, menaça la Compagnie d'un procès, et, de guerre lasse, renonça au soutien de la thèse. (Voir *Histoire des œuvres de l'abbé Rossignol*.)

La réputation de l'abbé Rossignol avait grandi; son savoir était réputé dans son Ordre. Les jésuites de la

Pologne le demandèrent au général de la Compagnie pour opérer dans leurs collèges de la Lithuanie la réformation des études. Rossignol, en suite des ordres reçus, se rendit, en 1761, à Wilna. Il devait y passer quatre ans ; mais sa santé fut tellement ébranlée par l'effet du climat et la maladie du *catarrus lithuanicus* qu'il y contracta, qu'il dut repartir au bout de deux ans, après avoir, néanmoins, suivant son affirmation, accompli sa mission, organisé avec habileté l'enseignement, professé lui-même avec éclat, surtout l'astronomie, et établi un observatoire à Wilna. Ses lettres sur la Pologne sont remplies de curieux détails sur les mœurs, les usages de ses habitants, sur les institutions politiques et administratives. Elles sont écrites avec une bonhomie et une candeur dans la vanité qui rendent supportable l'abus du *moi,* en cet écrivain essentiellement *subjectif.*

Les princes Radziwil, Czartoriski, le prince de Varmie, le général Massalki et autres grands personnages l'ont, dit-il, comblé de caresses ; il a voyagé avec un train de prince, et il a résidé à Wilna dans des conditions exceptionnelles de confort et d'opulence féodale. Quels douloureux contrastes, quant aux aisances de la vie, étaient réservés à sa vieillesse ! !

A son retour de la Pologne, l'abbé Rossignol passa quelque temps à Rome pour y rétablir sa santé. Il fut appelé ensuite, en 1764, à Milan, au collège des nobles pour succéder au P. Boskowich dans la chaire de mathématiques. Il demeura dans cette ville jusqu'en 1773, époque à laquelle il rentra en France. Il se fixa à Embrun, dont l'archevêque lui confia la tâche de reformer les études du collège jadis tenu par les jésuites. Il s'employa pendant quinze ans à accomplir cette mission.

A la Révolution, l'abbé Rossignol se montra, au pre
mier rang, parmi les adversaires les plus ardents des
idées et des institutions nouvelles. Il a raconté lui-même
ses démêlés, ses bruyantes querelles avec les Embrunais,
ses compatriotes. Ses attaques contre la constitution civile
du clergé, déclamations furibondes, ses écrits remplis de
sarcasmes et d'injures publiés sous les plus transparents
anonymes ou pseudonymes, la paternité des œuvres étant
toujours reconnaissable à la raillerie grossière, au ton
déclamatoire de l'auteur, avaient excité contre lui l'ani-
madversion publique. *Cochons d'Épicure, arlequins qui
paient en bouffonneries et en gambades, chiourmaille phi-
losophique, bande de brigands, bande infâme,* telles étaient
les aménités prodiguées par lui à ses adversaires.

L'abbé Rossignol a raconté longuement cette phase
tourmentée de son existence, cette lutte dont il fut, il
faut le dire, sans avoir été à l'origine personnellement
mis en cause, le promoteur passionné. M. Adolphe
Rochas a reproduit, dans sa *Biographie du Dauphiné,*
toute cette partie de l'autobiographie de l'intraitable
jésuite. « Cette longue citation, dit M. Rochas, donnera
« au lecteur une idée de la tournure singulière, nous
« allions dire grotesque, que ses lazzis et ses pasquinades
« donnent trop souvent à ses écrits. »

Nous ne croyons pas utile d'entrer dans le détail de ces
scènes populaires dont Rossignol a exagéré le caractère
hostile, qu'il a dénommées *sa persécution,* n'osant pas dire
son martyre, et à la suite desquelles il fut expulsé de
France. Quand on lit attentivement son récit, on reste
convaincu que les Embrunais, s'ils ne furent pas patients
jusqu'au bout devant les provocations du fougueux abbé,
n'eurent jamais l'intention d'attenter à la personne d'un

homme qu'ils considéraient comme un énergumène peu dangereux.

Cette expulsion eut lieu vers la fin de mai 1792. Le fugitif arriva à Pignerol, où il demeura quelque temps et, dans le mois d'octobre de la même année, alla s'établir à Turin, où il passa le reste de sa vie.

Ces longues années, car l'abbé Rossignol ne mourut, suivant l'affirmation de Colomb de Batines, qu'en 1817, à l'âge de 91 ans, furent consacrées à un travail incessant de composition d'œuvres nouvelles ou de publication, en secondes éditions, des anciennes. Elles furent marquées par la détresse, par la misère de l'infortuné vieillard.

L'abbé Rossignol trouva dans le comte François Melzi-d'Eril, vice-président, dès 1802, de la République italienne, plus tard duc de Lodi et chancelier garde des sceaux du royaume d'Italie, un protecteur d'une rare générosité. Le comte Melzi, qui avait été l'élève de Rossignol au collège des nobles de Milan, voulut rendre possible une complète édition de ses œuvres en assumant la charge des frais d'impression et de publication. Peut-être, tout porte à le croire, fit-il quelque tentative pour adoucir la dureté des conditions de l'existence matérielle de son protégé et échoua-t-il devant les refus du fier octogénaire.

Ces œuvres de l'abbé Rossignol, dont l'auteur fait état en termes pompeux dans son autobiographie et qu'il regarda, à coup sûr, comme autant de chefs-d'œuvre, sont, à ce jour, à peu près tombées dans l'oubli. Dans la précipitation qui a présidé à leur naissance (l'à-propos devant être saisi, à tous risques), par les partis pris systématiques, par les argumentations superficielles ou paradoxales, les écrits du P. Rossignol, quelques-uns feuilles volantes, ou pamphlets écrits de plume rapide plutôt que traités scientifiques, compositions médiocres, sauf peut-être les œuvres de mathématiques, ces écrits ne devaient pas survivre à leur auteur.

Le temps respecte peu ce qui s'est fait sans lui.

Tel biographe qui a accepté de confiance les appréciations de l'autobiographie du P. Rossignol, n'a pas lu une ligne de ses œuvres.

Parmi ces écrits, il en est un, de longue haleine, la *Vie de saint Vincent Ferrier*, publiée en 1805, qui témoigne, chez l'auteur, d'un singulier penchant au merveilleux. La crédulité de l'abbé Rossignol dépasse toutes les bornes. C'est avec un imperturbable sérieux qu'il raconte, comme des miracles accomplis par saint Vincent Ferrier, un tas de fadaises, de niaiseries, d'insanités, de nature à mettre en garde le plus naïf, le plus superstitieux des lecteurs. (Voir : Mon Essai historique : *Les Vaudois de la Vallouise.*)

La lecture de quelques pages de cet étrange livre de Rossignol qui eût fait sourire dédaigneusement Clément XIV, le pape incrédule aux miracles, fait songer à ce *propos de table* de Luther : « Ah ! bon Dieu ! que ne « nous avait-on pas amenés à croire ? Y a-t-il quelque « histoire absurde et ridicule à laquelle nous n'ayons « ajouté foi ? Le pape voudrait bien nous ramener à ce « temps-là ; il dit qu'il va réunir un concile, mais appli- « quons-nous à la prière et soumettons-nous à la volonté « de Dieu. Si le pape nous condamne, nous le condam- « nerons derechef et nous déclarerons hautement qu'il « est l'antéchrist. »

L'abbé Rossignol conserva dans un âge avancé, jusqu'à sa mort peut-être, ses facultés intellectuelles et ses habitudes laborieuses. Voici ce qu'il écrivait de Turin, le 19 décembre 1810, à son cousin Jacques Rossignol, demeurant à Vallouise (lettre autographe qui a été en ma possession) : « Je jouis d'une assez bonne santé; mais un « grand âge est une maladie incurable dont on ne revient « pas. Je continue à travailler avec la *même activité* « qu'auparavant et me dispose, en même temps, au « grand passage de l'éternité. J'entrerai le 3 juillet dans « mes quatre-vingt-six ans. Cette longue vie me paraît « un songe. Ce n'est pas la peine de s'attacher à un « monde qui passe avec la rapidité de l'éclair. »

Malgré ses travers de controversiste atrabilaire, de polémiste turbulent, malgré les écarts où le jetèrent son irascibilité et son inconsciente vanité, le P. Rossignol eut droit à une haute estime. Nul ne la lui refusa, ni amis ni ennemis; ce fut un caractère fortement trempé, incapable de capitulation sur les questions de conscience, ennemi de toute transaction, dédaigneux de tout intérêt personnel, résigné et fort dans l'adversité. S'il ne fut pas un savant de premier ordre, ce que je laisse à de plus compétents le soin de décider, ce fut à coup sûr un bénédictin pour le labeur acharné, un ascète, un homme d'honneur.

BIBLIOGRAPHIE.

Le P. Rossignol, dans le cours de sa longue existence, a publié de si nombreuses compositions sur toutes sortes de sujets, qu'il est presque impossible de les énumérer avec une rigoureuse exactitude. C'était un esprit qu'on eût dit atteint d'une incurable surexcitation. On trouvera les éléments principaux de la liste de ses écrits dans les ouvrages suivants : *Biographie du Dauphiné*, par Adolphe Rochas ; *Écrivains de la Compagnie de Jésus*, par Augustin Backer ; *Biographie universelle*, (Michaud).

Nous nous bornons, sans entrer dans une énumération des diverses éditions, à reproduire la nomenclature des œuvres du P. Rossignol, publiée en 1809 par Cyrille Michel, son dernier éditeur, et par Ignace Soffietti, imprimeur. Ce doit être, ce semble, l'énumération la plus complète.

Œuvres de M. Rossignol en 20 volumes in-8°.

I. Théories des Sensations, 112 pages ; Physique générale, 56 ; Vues nouvelles sur le Mouvement, 99 ; Vues philosophiques sur l'Eucharistie, 80.

II. Éléments d'Arithmétique, 64 pages ; Éléments d'Algèbre, 102 ; Éléments de Géométrie, 128 ; Trigonométrie et ses usages, 96 ; Ballistique, 30.

III. Botanique élémentaire, 84 pages ; Mélanges, 136 ; Mélanges, 2e recueil, 155.

IV. Mémoire sur les nouveaux Monastères de la Trappe, 102 pages ; Suppression de la Mendicité, 32 ; Projet d'un Calendrier universel, 32 ; Traité de la Sphère, 20 ; Plan d'un Cours de Philosophie, 48 ; Quadrille des enfants, avec 50 fiches, 82.

V. Réflexions sur l'Histoire ecclésiastique de M. Fleury, 272 pages.

VI. Traité de l'Usure, 250 pages.

VII. La Bergère de Florence, 40 pages ; Lettres d'un Galérien à un Sans-culotte, 64 ; De la Pureté nuptiale, 40 ;

Grammaire latine, 96 ; Preuves du Mouvement de la terre, 44.

VIII. Sanctuaire de *la Consolata,* 40 pages ; Pensées sur la Grammaire française, 24 ; Géographie élémentaire, 196.

IX. Mélanges, 3ᵉ recueil, 304 pages.

X. Des Miracles, 44 pages ; Lettres sur la Pologne, 68 ; Précis d'un ouvrage imprimé en 1747, 40 ; Conspiration contre les deux Puissances, 32 ; Dialogue sur la Subordination, 24 ; Des Finances du Piémont, 32 ; De l'Art de fortifier les places, 52.

XI. Mélanges, 4ᵘ recueil, 316 pages.

XII. Pièces fugitives, 4 pages ; Lettres écrites à l'auteur, 72 ; Précis d'un Traité de chimie, 40 ; Prophéties sur la France, 40 ; Prodige éclatant, 16 ; Du prince Charles de Lorraine, 16 ; Du marquis de Beauveau, 16 ; Lettre au Publiciste, 8 ; Lettre au philosophe Tartuffe, 12 ; Lettres à M. Noël, 40 ; Lettres sur la Vallouise, patrie de l'auteur, 24.

XIII. Vie de saint Vincent Ferrier, 348 pages.

XIV. Lettres écrites par l'auteur, 176 pages ; Vœux d'un citoyen bienfaisant, 8 ; Lettre aux personnes du sexe de Turin, 8 ; Trois lettres sur l'Équilibre de l'Europe, 60 ; Lettres sur le Plan de Paris, 48.

XV. Détails géographiques, 420 pages.

XVI. Description des plantes, 344 pages.

XVII. Édition générale des œuvres de l'auteur, 4 pages ; Histoire des œuvres de l'auteur, 100 ; Feuilles *Hebdomadaires* de Turin, 208.

XVIII. *Elementi d'Aritmetica,* 64 pages ; *Elementi d'Algebra,* 102 ; *Elementi di Geometria,* 132 ; *Trigonometria Rettilinea, coi suoi usi,* 96 ; *Voti di un cittadino,* 16.

XIX. Des Prodiges arrivés à Rome, 208 pages; Les Pourquoi..... 24; Gros Jean qui remontre à son curé, 24; Du Temps vrai et du Temps moyen, 12; Du Thermomètre, 8; Des Forces centrales, 8; Des Fondements de la Foi, par M. Aymé, 8; Lettre du duc de Richelieu, 16; Milfort mourant, 8; Du Mystère de la Trinité, 16; De la Généalogie de Jésus-Christ, 16.

XX. Des Peines du Purgatoire, 332 pages.

XXI. De l'Instinct; *Ex Soliloquio S. Bonaventuræ;* Entretien familier sur le serment exigé pendant la Révolution..... Observation sur les droits respectifs des évêques et des curés.... Sections coniques....

Une collection factice des œuvres du P. Rossignol a été publiée en 1823 par le libraire Hiacynthe Marietti, à Turin, formant 32 volumes in-8°. (Colomb de Batines, *Mélanges biographiques et bibliographiques.*)

SEMION (ANTOINE).

Né le 16 mars 1773, à Saint-Antoine, commune de la Pisse.

Il entra au service comme sergent-major le 11 septembre 1793, dans le 8e bataillon de l'Isère, devenu 16e et 22e demi-brigades, puis 22ᵈ régiment d'infanterie légère, et servit aux armées des Alpes et d'Italie depuis l'an II jusqu'au commencement de l'an VI. Il se distingua par sa bravoure au siège de Toulon, où il fit quatorze prisonniers à la prise de la redoute du Petit-Gibraltar. Dans l'affaire qui eut lieu au Banco, il fit prisonnier le sous-officier qui commandait les deux pièces qui y étaient placées, et après avoir dispersé la garde de ce poste et blessé un caporal, il s'empara des deux pièces. Le 29 germinal an IV, il entra le premier dans les retranchements de Saint-Michel, fit trois prisonniers et reçut un coup de feu au bras gauche. Le 30 du même mois, il monta le premier à l'assaut de la redoute de Mondovi, tua l'officier qui mettait une pièce en batterie, s'empara de cette pièce et fut blessé d'un coup de sabre à la tête. Le 18 thermidor suivant, à la bataille de Castiglione, il fit quatre prisonniers, enleva encore une pièce de canon et fut atteint d'un coup de feu à la hanche gauche. Promu au grade de sous-lieutenant le 8 germinal an XI, il partit avec l'armée expéditionnaire d'Orient et fit la guerre en Égypte et en Syrie depuis cette époque jusqu'à l'an IX. Il se signala de nouveau le 29 ventôse an VIII à la bataille d'Héliopolis, et y eut la jambe fracassée par un coup de feu. Nommé lieutenant, le 16 floréal suivant, il continua de servir avec la même distinction jusqu'à l'évacuation de l'Égypte, et après son retour en France, le premier Consul lui décerna un sabre d'honneur, le 6 frimaire an XI. A l'armée des côtes de l'Océan pendant les ans XII et XIII, Semion fit encore la campagne de l'an XIV à l'armée d'Italie. Il fut admis à la retraite le 31 janvier 1806, et fut désigné par l'Empereur pour faire partie du collège électoral de l'arrondissement d'Arras.

(*Fastes de la Légion d'honneur*, tom. II, p. 266.)
Nous ignorons la date du décès de Semion.

SÉMION (libraire).

Sémion est né à la Pisse dans la seconde moitié du siècle dernier. Il fonda à Lisbonne une importante maison de librairie. La Revue portugaise *as Farpas* (mars et avril 1876), range Sémion parmi les libraires français (presque tous Briançonnais) qui donnèrent à la librairie en Portugal une importance jusque-là inconnue. Sémion fut le protecteur du docteur J. Giraud qui mentionna son nom et sa gratitude dans la dédicace de sa thèse de médecine. Un des compatriotes de Sémion, Dubeux, comme lui né à la Pisse, suivit ses traces et établit aussi à Lisbonne, un commerce de librairie qui devint florissant.

LIBRAIRES

Nés dans le canton de l'Argentière et fixés à l'étranger.

Lisbonne	{ SIMÉON { DUBEUX frères	{ de la Pisse.
Rome	ALBERT (Mathieu),	de la Bâtie-des-Vigneaux.
Turin	{ GIRAUD { LAGIER (Bruno)	{ de Ville-Vallouise.

TABLE